도쿄대 교양학부

생각하는 힘의 교실

흔한 머리에서 모두가 반하는 기획을 만드는 생각의 기술

도쿄대 교양학부 생각하는 힘의 교실

POWER OF THINKING

FROM THE UNIVERSITY OF TOKYO

미야자와 마사노리 지음 | 최말숙 옮김

북클라우드

차례

수업을 시작하며

생각하는 힘이란?

창의성을 갖기 위해서는

CLASS 1

마인드셋

생각하지 않는 머리를 위한 세 가지 처방전

MINDSET

CLASS 2

인풋

정보를 받아들이는 방법

CONCEPT

CLASS 3

콘셉트

아이디어의 기둥을 세우다

CLASS 4

아웃풋

사람의 마음을 움직이는 아이디어를 만들다

CREATIVE IDEA

CLASS 5

아이디어

압축과 확장으로 새로운 것을 창조하다

수업을
시작하며

생각하는 힘이란?

독창성을 갖기 위해서는

THINKING

도쿄대생의 딜레마

'생각하는 힘'의 교실, 브랜드 디자인 스튜디오에 오신 걸 환영합니다. 처음 뵙겠습니다. 도쿄대학교 교양학부 교양교육고도화기구의 미야자와 마사노리입니다. 오늘은 여러분에게 '생각하는 힘'에 대해서 설명하고자 합니다.

먼저 질문 하나 하겠습니다. 여러분은 '정답이 있는 문제'는 혼자서도 잘 풀지요? 국어든 수학이든 시험에는 반드시 정답이 존재합니다. 특히 어려운 시험을 통과하고 도쿄대에 입학한 학생들이라면 질문을 빠르게 이해하고, 정확하고 효율적으로 대답할 수 있는 능력이 뛰어날 것입니다.

그럼 '정답이 없는 문제'에 답하는 것은 어떻습니까? 정답이 없으면 어떻게 평가하며 뭐라고 답해야 할지 머릿속에 물음표가 떠오르지 않나요?

하지만 안타깝게도 사회에 나가면 정답이 하나만 존재한다거나 답을 맞히면 합격이라는 경우는 매우 드뭅니다. 업무의 99퍼센트는 팀원들과 함께 정답이 없는 문제에 도전하는 경우가 대부분이지요.

상상해보세요.

새롭게 시작하는 프로젝트가 성공할지, 실패할지는 사장과 상사를 포함해 그 누구도 알지 못합니다. 또 A씨와 뜻이 잘 통했다고 B씨와도 잘 통할지는 해보지 않으면 모릅니다. 업무 현장에는 정답 없는 문제가 넘쳐납니다.

게다가 혼자서 할 수 있는 일이 극히 적습니다. 신규 프로젝트를 성공으로 이끌기 위해서는 기획, 개발, 유통, 영업, 광고 등 다양한 입장의 사람들이 힘을 합쳐야 합니다. 궁합이 잘 맞는 사람만 있는 것도 아닙니다. 상대하기 어려운 사람과도 잘해 나가야 합니다. 다시 말해 일이란 정답 없는 문제에 함께 도전하는 것입니다.

"요즘 젊은 사원들은 대뜸 뭘 해야 할지 알려달라고 합니다."

이런 이야기를 들을 때가 많습니다. 지금까지 학교 교육을 통해 정답 있는 문제에만 혼자서 도전해왔기 때문에 사회에 나와서 어찌할지 몰라 당황하는 것도 당연합니다.

조금 나아지는 것으로는 새로운 것을 만들 수 없다

실은 도쿄대생만 '정답 없는 문제'를 제대로 풀지 못하는 것은 아닙니다. 대다수의 기업이 같은 과제에 직면하고 있습니다.

정답이 있는 문제를 푸는 것은 '과거를 배우는 학습'이라고 바꿔 말할 수 있습니다. 물론 이미 체계화된 지식을 얻는 것도 가치 있는 일입니다. 그러나 과거를 배우는 것만으로는 미래를 창조할 수 없습니다. 과거를 배우는 기술과 그것을 응용하는 기술은 별개이기 때문입니다.

미래를 창조하는 사고법을 익히지 않으면 현재를 개선하는 선에서 그치고 맙니다. 물론 개선도 중요하지만 완전히 새로운 것을 만들 때는 개선만으로는 충분하지 않습니다. 이미 존재하는 것(과거)을 배우면 조금 나아질 수는 있어도 지금까지와는 전혀 다른 콘셉트의 상품을 개발하거나 이 세상에 없었던 새로운 서비스를 창출하기는 힘듭니다.

게다가 개선만 해서는 동질화를 초래하기 십상입니다. 경쟁사와 비교해 약점을 강화하려는 발상에서 벗어나지 못합니다. 경쟁사 역시 같은 일을 되풀이하기 때문에 약점을 개선할수록 자사와 경쟁사의 제품 간에 차별점이 점점 없어지는 것입니다.

시장이 성장하는 동안에는 그래도 매출은 늘어날 것입니다. 하지만 현재의 성숙기 시장에서 동질화는 파멸을 의미합니다. A사와 B

사가 사소한 경쟁을 하는 사이에 어느 날 갑자기 나타난 C사가 전혀 다른 콘셉트의 상품을 제공하면 모든 시장을 가져갈 수 있기 때문입니다.

'개선은 가능해도 새로운 것은 만들어낼 수 없다.'

이것이 오늘날 우리가 안고 있는 딜레마의 핵심입니다.

도쿄대에서 가장 인기 있는 교양 강의

그러나 안심하세요.

정답이 없는 문제라도 기본 프레임만 잘 활용한다면 새로운 것을 생각해낼 수 있습니다. 새로운 것을 창출할 수 있는 사고 프레임을 알려주는 것이 이 수업의 목적입니다.

여기서 잠깐 제 소개를 하겠습니다. 도쿄대에서 강의를 하고 있지만 평소에는 광고사에서 고객의 문제를 해결하는 일도 하고 있습니다. 어떻게 하면 창의적인 아이디어를 생각해내고 이노베이션을 이루며 매력적인 콘셉트를 만들어낼까? 매일 이런 고민을 합니다. 이노베이션을 위한 사고 프레임을 전달한다면 이 세상에 도움이 되지 않을까, 하는 생각을 오랫동안 품어오던 차에 때마침 도쿄대 교양학부에서 강의 요청을 해왔습니다.

교양학부 관계자들도 '과거를 배우는 학습'을 잘하는 도쿄대생에게 '새로운 것을 창조하는 사고법'을 체계적으로 가르쳐야겠다는 문제의식을 가지고 있었나 봅니다. 이렇게 해서 생긴 것이 생각하는 힘의 교실, 통칭 '브랜드 디자인 스튜디오'입니다. 2011년 겨울의 일이었습니다.

학생들의 반응은 저의 상상을 훨씬 뛰어넘는 것이었습니다. 첫해에는 특별 프로그램 형식에 시험적으로 시작했지만 학교 내외에서 평판이 좋아지자 수강하지 못한 학생들이나 타 대학에서의 수강 신청이 몰려올 정도로 인기 있는 수업이 되었습니다. 물론 다음 해부터는 정식 수업으로 인정을 받았습니다.

6년 동안 총 500명 이상의 수강생을 배출했으며 많은 졸업생이 가장 기억나는 수업으로 꼽기도 했습니다. 졸업한 후에도 팀원들끼리 자주 모인다고 하니 수업의 임팩트는 세월이 흘러도 약해지기는커녕 더욱 강해지는 듯합니다. 수업을 받은 학생들로부터 "생각하는 방법을 처음 배웠어요" "사회생활을 하면서 가장 도움이 되었던 수업이에요"라는 평을 듣기도 했습니다.

그렇다고 결코 쉬운 수업은 아닙니다. 일방적으로 듣기만 하는 강의가 아니라 수업 참가자가 다음 수업에 임하기 위해서는 매우 많은 시간 동안 준비해야 합니다. 팀별로 프레젠테이션 과제를 내주는데 거기에 쏟는 학생들의 에너지와 시간은 놀라울 정도입니다. 그중에는 밤을 새워 과제를 완성해 오는 팀도 적지 않습니다. 학생들은 애정을 담아 '블랙수업'(옮긴이 주 - 위법적 노동 착취를 일삼는 기업을 지칭하는 '블랙기업'의 블랙을 따서 만든 말임)이라고 부르기도 합니다.

아이디어는 재능일까

지금까지 아이디어를 생각해내는 힘은 일부 재능 있는 사람들의 특권으로 여겨왔습니다. 그들에게 '천재'라는 수식어를 붙이기도 합니다. 새로운 것을 만들어내는 사람은 몇몇으로 정해져 있고 그들만의 노하우가 있다고 믿었기 때문에 주위 사람들은 그것을 특별한 재능이라고 간주했습니다.

그런데 아이디어를 생각해내는 힘이 정말 타고난 재능일까요?

물론 그렇지 않습니다. 누구든지 생각하는 힘을 단련하면 향상시킬 수 있습니다. 자신감이 부족해 토론 때 발언하지 못하거나 사고가 경직되어 기발한 아이디어를 떠올리지 못하던 학생이 이 수업에 참여하는 시간이 길어질수록 새로운 아이디어를 만들어내는 모습을 수없이 보았습니다.

또 아이디어 발상법을 배워서 새로운 학습 브랜드의 기획부터 프레젠테이션까지 해낸 아이돌 그룹 노기자카46의 멤버도 이런 잘못된 인식을 깨준 좋은 사례입니다.

그녀들은 도쿄대 수업의 형식을 차용해 전국의 대학생을 대상으로 열리는 브랜드 디자인 콘테스트에서 훌륭한 기획력을 보여주었습니다. 그때까지 자신들의 아이디어나 생각을 스스로 정리해 논리적으로 발표할 기회가 별로 없었지만, 사고 프레임을 활용했기에 자신들의 생각을 매력적으로 전달할 수 있었습니다.

우리는 단지 생각하는 방법이나 과정을 모르고 있었을 뿐 누구나 생각하는 힘을 얻을 수 있습니다. 알지 못했기에 더 큰 가능성이 있다고 생각합니다. 요령만 파악하면 평소 상상도 못했던 재미있는 아이디어를 떠올리고 세상을 변화시키는 발상을 할 수 있습니다.

일의 기본, 만들고 전달하고 말한다

수업에서는 사고의 기본 프레임을 '리본 사고'라고 부릅니다. 뒤에 자세히 소개하겠지만 리본 사고법을 터득하면 새로운 것을 창조하거나 아이디어를 낼 수 있을 뿐 아니라, 인생의 강력한 무기가 될 다음과 같은 능력을 단련할 수 있습니다.

전달하는 능력 - 면접·프레젠테이션·자기PR 능력이 향상된다

흔히 볼 수 있는 실패 사례가 입사 지원서입니다.

"리더십이 있어서 친구가 많고, 창의적이어서…"

자기 자신의 콘셉트가 명확하지 않기 때문에 이것저것 다 끌어다 쓰는 것입니다. 하지만 이러한 방식으로는 상대에게 자신이 어떤 사람인지 어필할 수 없습니다.

리본 사고법을 활용하면 자기 자신의 본질을 알고, 하나의 콘셉트에 따라 스토리를 구성할 수 있습니다. 그러면 다른 사람에게 자신의 매력을 확실하게 어필할 수 있습니다.

학생뿐 아니라 직장인도 간결하고 알기 쉬우면서도 흥미롭게 자신을 어필해야 할 때가 많습니다. 그럴 때 리본 사고 프레임이 도움이 될 것입니다.

말하는 능력 - 토론 능력이 향상된다

수업에서 리본 사고의 과정을 체험한 학생들은 그룹 토론을 매우 잘합니다.

자신을 포함해 참가자 전원이 균등하게 발언하고 있는가? 시간 안에 결론을 내릴 수 있는가? 서로를 헐뜯는 대화가 아니라 서로의 의견을 주고받는 창조적 소통이 되고 있는가? 이러한 점들을 고려한 다음에 토론을 진행하기 때문입니다.

반면에 이러한 대화 기술을 익히지 못한 채 회의나 토론을 하는 직장인이 많다는 사실도 알아두기 바랍니다.

쓰는 능력 - 논문·리포트·기획서를 잘 쓴다!

좋은 논문은 주장이 명확하고 목적이나 결론이 독창적이며 끝까지 읽어보고 싶어지는 일관된 흐름이 있습니다.

본질을 꿰뚫어 하나의 스토리로 구성하는 스킬을 익힐 수 있는 리본 사고는 논문 작성에도 매우 큰 효과를 발휘합니다. 또한 비즈니스 현장에서 기획서나 제안서를 작성할 때에도 많은 도움이 됩니다.

리본 사고에 대해 조금은 관심이 생겼나요? 그럼 '생각하는 힘의 교실'로 들어가봅시다!

MINDSET

CLASS 1

마인드셋

생각하지 않는 머리를 위한 세 가지 처방전

아이디어는 꼼꼼하게 훔쳐라

학생들 중에는 브레인스토밍을 시작하면 말을 아끼는 이들이 있습니다. 그런 사람들의 이야기를 들어보면 강한 고정관념에 사로잡혀 있다는 사실을 알 수 있습니다.

생각하는 힘의 교실에서 배우는 공부는 시험을 보는 공부와는 다릅니다. 정반대라고 해도 과언이 아닙니다. 지금까지 '절대 커닝 같은 건 하면 안 돼' '다른 사람의 아이디어를 훔치는 것은 부끄러운 짓이야'라고 믿고 있던 많은 도쿄대생에게 수업을 할 때마다 이렇게 말합니다.

"커닝을 장려합니다. 훔치는 것도 좋습니다. 제 수업에서는 이 룰을 지켜주세요."

그러면 학생들의 사고가 전환되어 유연하고 자유로운 발상을 할 수 있습니다.

하나의 예를 소개하겠습니다. 수업을 시작하기 전에 워밍업으로

'자연이라는 단어에서 연상되는 단어를 팀원들과 함께 생각나는 대로 적어보세요'라는 과제를 주곤 합니다. 대체로 연상되는 단어를 30개 정도 적고 나면 더는 생각나지 않아 펜이 멈춥니다. 그때 옆자리에 앉아 있는 팀원이 '자연스럽다' '억지로 꾸미지 않는 것'이라고 쓴 것을 봤다면 어떨까요? 자연에 '네이처'라는 의미만 있는 게 아니라 다른 의미도 있음을 깨달을 것입니다. 다양한 관점이 있다는 사실을 알아차린다면 여러분이 낼 수 있는 답은 훨씬 다양해지겠지요.

팀원들끼리 아이디어를 주고받으세요. 그렇게 하면 반드시 좋은 아이디어와 만날 수 있습니다.

아이디어는
나만의 것이 아니다

자신의 생각이나 아이디어를 드러내는 것이 두렵다고 말하는 사람들을 자주 접합니다.

"아이디어가 평범하다고 하면 어떡하지?"

"의견을 내면 뭘 모른다고 생각할까봐 걱정돼."

실제로 주위의 시선을 너무 의식한 나머지 자신의 의견을 제대로 피력하지 못하는 사람이 많습니다. 발언한 사람이 아이디어를 책임져야 한다는 잘못된 선입견 때문입니다. 생각이나 아이디어가 자신의 것이라는 착각에서 헤어나지 못하는 사람들은 이렇게 생각해보세요.

'아이디어란 내 것이 아니라 모두의 것이다.'

한 사람 한 사람이 가지고 있는 것은 사실 아이디어의 파편에 불과합니다. 먼저 사람들 앞에서 아이디어의 파편을 내놓는 것부터 시작해야 합니다. 아이디어란 처음부터 완벽한 형태를 띠는 것이 아니라 함께 이런저런 의견을 나누는 사이에 점차 형태를 갖추어가는 것이기 때문입니다.

반면에 애써 좋은 아이디어를 생각해냈는데 자신의 공으로 인정받지 못하는 것은 부당하다고 생각하는 사람도 있을 것입니다. 이것은 자신의 재능을 과대평가한 것입니다. 아이디어라는 것은 하나의 주제를 같은 공간에서 동료와 함께 생각했기 때문에 비로소 탄생된 것입니다. 혼자서 생각해냈다고 느낄지 모르지만 실은 여러 외부 환경요인이 혼합되면서 우연히 그 사람들 속에서 탄생한 것입니다.

생각이나 아이디어를 모두의 것으로 받아들인다면 책임감이나 좋은 아이디어만 내야 한다는 중압감에서 벗어날 수 있어 팀원들이 서로 앞다투어 아이디어를 내놓을 것입니다.

꼭 자신이 생각한 아이디어가 아니어도 된다는 사실도 깨달을 것입니다. 아이디어를 생각할 때 주위 사람들에게 "뭐 좋은 아이디어 없어?"라고 마구 물어보세요. 부모, 친구, 선배, 후배, 그리고 이웃 사람들에게 아이디어를 얻어도 상관없습니다.

아이디어로 먹고살며 훌륭한 성과를 올리고 있는 사람들 중에는 스스로 아이디어를 내기보다 여러 사람들의 아이디어를 수집하는 타입의 사람도 많습니다. 아이디어를 혼자만의 생각으로 내야 한다는 룰은 없습니다.

질은 양에 비례한다는 진실

'천 마디 말 중 믿을 말은 세 마디뿐'은 일본에서 거짓말쟁이를 뜻하는 말입니다. 이 말을 이렇게 바꿔 말해도 될 것입니다.

'천 개의 아이디어를 내면 그중 세 개 정도는 좋은 아이디어가 있을 것이다.'

비율로 따지면 0.3퍼센트에 불과한데, 그만큼 좋은 아이디어가 탄생할 가능성이 낮다는 의미입니다.

그러므로 무조건 많은 양의 아이디어를 내야 합니다.

열 개나 스무 개라면 몰라도 천 개의 아이디어를 내려면 뭐든 상관없다는 마음으로 도전해야 달성할 수 있습니다. 시시한 아이디어, 엉뚱한 아이디어도 괜찮고 주위 사람들의 도움을 받아도 좋습니다. 아이디어의 질에 집착하지 말고 무조건 많은 양의 아이디어를 내도록 합니다.

지금까지의 경험에 따르면 열 개나 스무 개 정도로는, 기발한 아이디어가 나오기 어렵습니다. 그렇다고 혼자서 많이 생각해내는 것이 쉽지는 않습니다. 혼자 아무리 끙끙거려도 백 개 정도 떠올리는 것이 한계입니다.

아이디어를 많이 내는 데에도 요령이 있습니다. 아이디어가 샘솟을 수 있는 분위기를 조성하는 것입니다.

예를 들면 저는 회의를 할 때 가급적 과자를 들고 와 먹으면서 아이디어를 내도록 장려하고 있습니다. 집중해서 꾸준히 생각해도 아이디어의 양은 증가하지 않기 때문입니다. 시시해도 괜찮고 엉뚱해도 괜찮으니 무조건 많은 양의 아이디어를 내야 할 때는 얼마나 즐겁고 신나고 열정적인지가 중요합니다.

대부분의 회사에서는 회의를 할 때 과자를 먹지 못하게 합니다. 물론 중요한 정보를 공유하기 위한 회의라면 긴장감이 있는 분위기가 어울리겠지만, 좋은 아이디어를 내기 위한 자리라면 과자를 먹으면서 분위기를 부드럽게 만드는 것이 도움이 될 것입니다.

같은 의미에서 넥타이를 풀고 회의를 하거나 직함이 아니라 서로 '씨' 자를 붙여서 부르는 방법도 편안한 분위기를 만드는 데 효과적입니다.

이 세상에
완전히 새로운 아이디어는 없다

"아이디어란 기존 요소의 새로운 조합에 지나지 않는다."

이 말은 미국의 광고인 제임스 영James W. Young이 쓴 발상법에 관한 고전《아이디어 발전소》에 나온 유명한 구절입니다. 리본 사고의 밑바탕이 되는 사고방식이기도 합니다.

새로운 조합으로 아이디어를 만들기 위해서는 재료가 되는 지식이 필요합니다. 조합에 쓰이는 지식의 양은 많으면 많을수록 좋습니다. 다만 지식이 있는 것만으로는 안 되며 언뜻 관계가 없어 보이는 지식을 결합시킬 수 있는 능력이 필요합니다. 서로 관계가 없어 보이는 요소를 결합시키는 작업을 잘하는 사람이 많은 아이디어를 만들어낼 수 있습니다. 제임스 영은 이런 말도 했습니다.

"기존의 요소를 하나의 새로운 결합으로 이끄는 재능은 사들의 관련성을 찾아내는 재능에 의존하는 바가 크다."

최근 들어 하루라도 이노베이션이라는 말을 듣지 않는 날이 없습니다. 'innovation'이라는 단어는 미국의 경영학자 피터 드러커Peter Drucker가 그의 저서에서 사용해 비즈니스 세계에 널리 알려졌습니다. 일반적으로 '기술 혁신'이라고 번역되는데, 원래는 미국 경제학자 조지프 슘페터Joseph Schumpeter가 1912년에 발표한 《경제발전의 이론》에 등장한 'NeueKombination(신결합)'이라는 용어에서 비롯되었습니다. 즉, 이노베이션의 원래 의미는 '새로운 것의 결합'이라는 뜻입니다. 단어는 다르지만 조지프 슘페터도 제임스 영과 마찬가지로 새로운 조합을 찾아내는 것이 아이디어라고 말했던 것입니다.

그렇다면 언뜻 상관관계가 없어 보이는 요소를 결합시키는 작업에는 특별한 재능이 필요할까요? 물론 어느 정도 재능에 의존하는 부분도 있지만 시스템과 규칙을 잘 설정한다면 누구나 할 수 있습니다. 요소를 결합시키는 사고는 여러 번 경험하는 사이에 습관화되기 때문입니다.

생각하는 힘의 교실에서는 '강제발상법'을 사용해 결합하는 능력을 단련합니다. 그중 하나가 끝말잇기를 활용한 강제발상법입니다. 예를 들면 자동차에 관한 새로운 아이디어를 생각하면서 끝말잇기를 해보는 것입니다.

자동차 → 차고 → 고백 → 백조 → 조수 → 수영 …

이렇게 주제에 신경쓰지 않고 자유롭게 끝말잇기를 합니다. 그런 다음 '자동차 × 백조'로 생각해봅니다.

'백조는 수영을 하면서 물 위를 떠다니니까 물 위를 달릴 수 있는 수륙양용 자동차는 어떨까?'

'백조는 우아하게 떠 있는 것처럼 보이지만 물속에서는 발을 분주히 움직이지. 그럼 서스펜션(차체의 무게를 받쳐주는 장치) 주변에 기능을 집약시켜 시각적으로 깔끔하게 처리된 차가 있다면 어떨까?'

다음으로 자동차 × 차고, 자동차 × 고백, 자동차 × 조수, 이처럼 다양하게 생각해봅니다. 자동차와 끝말잇기에서 나온 단어들의 결합은 평소에는 좀처럼 생각해내기 어려운 것들입니다. 이를 끝말잇기라는 시스템을 이용하면 쉽게 할 수 있습니다.

이런 우연에 의해 지금까지 누구도 떠올리지 못했던 훌륭한 아이디어가 탄생하는 것입니다.

틀에 갇히면
오리지널은 탄생하지 않는다

미리 밝혀두지만 새로운 것을 생각하는 데 있어서 애초에 정해진 방법론은 없습니다. 틀에 박히는 순간 새로운 사고를 할 수 없기 때문입니다.

새로운 아이디어를 창출해내기 위해서는, 정해진 과정에 따라 사물을 생각하는 것이 아니라 어떻게 사고할지를 생각하는 자세가 중요합니다. 새로운 사고 과정을 창안할 수 있다면 창조적 사고 역시 할 수 있습니다.

'그렇다면 리본 사고를 바탕으로 한 사고 프레임이나 과정은 왜 배워야 할까?'

이런 의문이 생길지도 모릅니다. 모델이 전혀 없으면 새로운 것을 생각할 때 어디서부터 손을 대면 좋을지 모르기 때문입니다. 리본 사고는 인풋-콘셉트-아웃풋이라는 사고의 3단계로 구성됩니다.

- **인풋** 사실(정보)에 대해 생각한다.
- **콘셉트** 해석에 대해 생각한다.
- **아웃풋** 해결책에 대해 생각한다.

리본 사고의 3단계는 새로운 것을 생각해내기 위한 기본 형식입니다. 단계별로 사고하는 목적이 다르기 때문에 관점이나 생각하는 방법도 조금씩 달라집니다. 3단계의 흐름을 항상 의식함으로써 지금까지처럼 막연하게 생각하는 방식에서 벗어날 수 있습니다. '지금 어느 단계에서 사고하고 있는지'가 명확해지므로 어떻게 사고하면 좋을지도 알 수 있습니다. 이것이야말로 제가 리본 사고를 통해 여러분이 익혔으면 하는 '나만의 사고법을 창조하는 방법'입니다.

'사고한다'라는 말이 어렵게 들릴지도 모릅니다. 하지만 사고한다는 것은 혼자서 미간을 찌푸리며 정해진 프레임에 따라 생각하는 것이 아닙니다. 새로운 것을 생각하는 행위는 자유로운 것이며 동료와 즐기면서 할 수 있는 것입니다.

어떻게 사고할지를 생각하는 행위는 창의성이 넘치는 행위입니다. 이 수업을 통해 즐기면서 자유롭게 새로운 사고를 할 수 있도록 도와드리겠습니다.

체험하는

생 힘 교

아이디어가 샘솟는 Yes 대화

리본 사고의 요령 하나를 체험하기 위해서 다음의 대화를 누군가와 짝을 이루어 실험해보세요. '아니'와 '좋아' 둘 중 하나만을 사용하는 대화입니다. '주말에 무엇을 하며 놀까'를 주제로 대화를 나눠봅시다.

제자리걸음의 No 대화

처음에는 'No 대화'를 체험해보세요. 먼저 상대방의 발언을 "아니, 싫어"라고 부정한 다음 "그 대신에"를 넣어 자신의 의견을 주장하는 방식으로 대화를 진행해보세요.

"바다로 놀러 갈까?"

"아니, 싫어. 추워서 수영을 못하잖아. 그 대신에 캠핑을 하는 건 어때?"

"아니, 싫어. 캠핑용품 챙기는 거 귀찮아. 그 대신에 영화 보러 갈까?"

"아니, 싫어. 영화 보러 가느니 차라리 비디오를 빌리는 건 어때?"

이러한 방식으로 1분 동안 대화를 나누어보세요. 어떤 계획이 세워졌나요?

새로운 아이디어를 만드는 Yes 대화

다음에는 'Yes 대화'를 체험해보세요. 이번에는 서로의 발언을 "좋아"라고 긍정적으로 받아들인 다음 "그럼"을 붙여 아이디어를 더하는 방식으로 대화를 이어가보세요.

"바다로 놀러 갈까?"

"좋아! 그럼 추워서 수영은 못 하더라도 해변에서 바비큐 파티는 할 수 있잖아."

"오, 좋아! 그럼 마시멜로도 구워 먹는 건 어때?"

"좋아! 그럼 우리 고구마랑 옥수수도 같이 구워 먹을까?"

"와, 좋아! 이왕이면 달달한 거 위주로 구워 먹자."

"우와, 스위트 바비큐 파티가 되겠네."

어떻습니까?

'No 대화'를 하면 각자가 생각하는 것 이상으로는 아이디어가 확장되지 않습니다. 게다가 의견이 모아지지 않기에 첫 번째 주제에서 넘어가지 못하고 대화가 뱅뱅 겉도는 듯한 느낌을 받을 것입니다. 그 이유는 대체 안을 낸다고 하더라도 서로 알고 있는 범위를 넘어서서 사고가 확장되지 않기 때문입니다.

반면 'Yes 대화'로 상대방의 의견에 동의하면서 내 의견을 더하면 처음에는 생각지도 못했던 이야기로 전개되고 뜻밖의 계획이 세워질 수 있습니다.

우리는 무의식적으로 'No 대화'를 하려는 경향이 있습니다.

"뭘 말하려는지 알겠지만."

"그건 그렇다 치고."

"현실적으로는 어려울지 모르겠는데."

다양한 표현의 'No'가 대화 속에 가득합니다.

하지만 'Yes 대화'에서처럼 상대방의 의견에 동의하는 것만으로도 생각하지 못하던 기발한 아이디어가 번뜩일 수 있음을 잊지 마세요.

INPUT

CLASS 2

인풋

정보를 받아들이는 방법

리본 사고란 무엇인가?

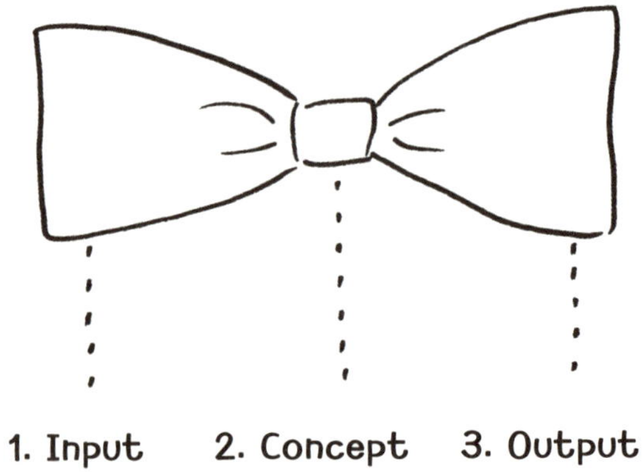
1. Input
2. Concept
3. Output

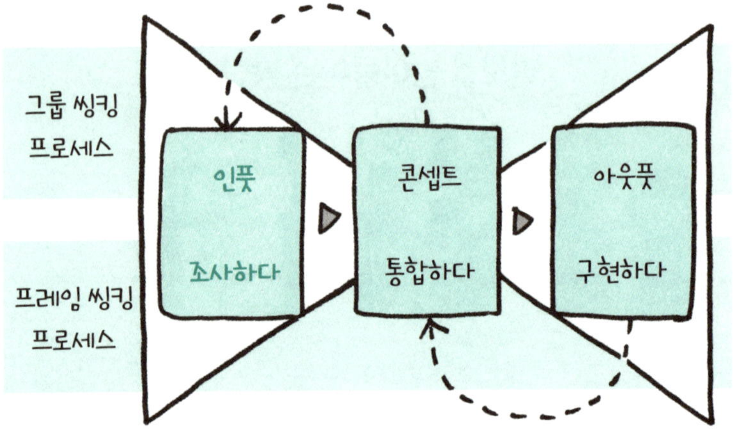
그룹 씽킹 프로세스
프레임 씽킹 프로세스
인풋
조사하다
콘셉트
통합하다
아웃풋
구현하다

무엇을 어떻게 수집할까?

새로운 것을 생각해내는 과정은 매력적인 요리를 만드는 과정과 비슷합니다. 그중에서도 특히 중요한 것이 양질의 인풋입니다. 인풋은 요리로 말하자면 재료에 해당합니다. 좋은 재료를 구할 수 있다면 조리나 플레이팅에 그다지 공을 들이지 않아도 맛있는 음식을 만들 수 있는 것과 같은 이치입니다.

여기서 알아두어야 할 점은 정보를 수집하는 방법 자체가 독창적이어야 한다는 것입니다. '무엇을 어떻게 수집할까?'라는 단계에서부터 독특한 아이디어가 샘솟는다면 독창적인 아웃풋으로 이어질 가능성이 높습니다.

새로운 것을 생각해내기 위해서는 먼저 넓고 깊고 많은 정보를 모아야 합니다. 그런 다음 점점 좁혀나가면 됩니다.

막연하게 조사해서는 안 된다

새로운 것을 생각해내기 위한 첫 단계는 정보 수집(인풋)입니다. 인풋 단계에서는 다음의 두 가지를 생각하는 것부터 시작합니다.

- 주제를 정한다.
- 정보를 수집한다.

매력적인 요리를 만들기 위해서는 먼저 무엇을 만들지 정한(주제 선정) 다음 그에 맞는 재료를 구해야(정보 수집) 합니다. 좋은 재료를 손에 넣었다면 그다지 공을 들이지 않아도 맛있는 음식을 만들 수 있습니다. 매력적인 아이디어도 이와 유사합니다.

그럼 인풋 단계에서 무엇부터 시작해야 할까요? 먼저 무엇을 어떻게 조사할지 정합니다. '제철과 관련된 새로운 상품이나 서비스'라는 주제를 예로 들어 인풋 단계에서 무엇을 할지 생각해봅니다.

무엇을 조사할까

'제철'을 다양한 관점에서 생각해봅니다. 대충 떠오르는 것만 해도 다음과 같습니다.

- 제철이란 도대체 무엇일까?
- 제철 음식에는 어떤 종류가 있을까?
- 제철 음식은 왜 몸에 좋을까?
- 사람들은 제철을 얼마나 중요하게 생각할까?
- 제철에도 좋은 것과 나쁜 것이 있을까?
- 제철 전문가가 있을까?
- 제철과 비슷한 것이나 반대되는 것은 무엇일까?
- 제철에 대한 정의는 시대나 지역에 따라 다를까?

어떻게 조사할까

다음에는 무엇을 조사할지에 적합한 조사 방법에 대해 생각해봅니다. 예를 들어 '제철이란 도대체 무엇일까?'에 대해 조사하기 위해서는 다음의 방법들이 있습니다(조사 방법에 대한 설명은 102쪽 참조).

- **데스크리서치** 제철의 사전적 의미를 조사하거나 어원을 조사한다.
- **정량조사 1** 제철 하면 떠오르는 것을 자유롭게 쓰도록 한다.
- **정량조사 2** 제철을 색으로 비유한다면 어떤 색이 떠오르는지 물어본다.

같은 정량조사라도 제철에 대한 이미지를 직접적으로 묻는 것과 시각화할 수 있는 매개물을 이용해 간접적으로 묻는 방법이 있습니다. 조사 방법이 같더라도 질문에 따라 도출되는 답은 달라질 수 있습니다.

하나 더 소개하겠습니다. '제철 전문가가 있을까?'라는 질문에서 한 발 더 나아가 '제철 전문가는 제철에 대해 어떤 생각을 가지고 있을까?'에 대해 조사해봅니다(정성조사에 대해서는 62쪽 참조).

- **정성조사 1** 종교학자, 사회학자 등 제철과 관련된 분야의 학자를 취재한다.
- **정성조사 2** 농가나 푸드코디네이터들과 인터뷰를 한다.
- **정량조사** 제철을 고집하는 사람들을 대상으로 설문 조사를 한다.

'전문가'를 관련 지식이 깊은 사람뿐 아니라 제철과 관련된 직업을 가진 사람, 많이 이용하는 사람 등 여러 방면으로 생각할 수 있습니다. 이처럼 조사 방법에는 주제에 따라 여러 선택지가 있습니다.

대답이 뻔한 이유는 질문이 뻔하기 때문

여러분은 평소에 새로운 생각이나 아이디어를 창출하는 과정에서 '무엇을 어떻게 조사할까'라는 물음에 대해 깊이 파고든 적이 있나요? 별생각 없이 하던 방식대로 하고 있지는 않나요?

조사하는 내용이나 대상에 따라 질문 역시 달라져야 합니다. 평범한 질문에서는 평범한 발견밖에 할 수 없습니다. 이 점을 꼭 명심해주세요.

또 우리는 상대방에게 필요한 것이 무엇인지 직접 물어보는 우를 범하기 쉽습니다. 상대방에게 원하는 것이 무엇인지 직접 물어봤자 뻔한 대답밖에 돌아오지 않습니다. 왜냐하면 진정으로 원하는 것은 질문을 받은 본인도 인지하지 못하는 내면 깊숙한 곳에서 잠자고 있기 때문입니다. 새로운 것을 생각해내야 할 때 의식 영역 아래 감춰져 있는 무의식 영역은 정보의 보고입니다.

제럴드 잘트먼Gerald Zaltman 하버드대학교 박사는 무의식의 중요성에 대해 이렇게 말했습니다.

"인간은 자신의 의식을 5퍼센트밖에 자각하지 못한다. 나머지 95퍼센트가 우리의 행동과 관련되어 있다."

상대방에게 뭘 원하는지 직접 물어봤자 제대로 대답하지 못합니다. 반대로 말하면 언어로 표현할 수 없는 무의식 영역에 다가가는 조사는 유용한 정보를 수집할 수 있는 절호의 기회입니다.

그렇기 때문에 인풋 단계에서의 '질문'이 중요합니다. 상대방의 의식 영역 안에서 대답할 수 있는 흔한 질문이 아니라, 이제껏 언어화되지 않았던 무의식 영역을 끄집어내는 참신한 질문이 필요합니다.

· 알고 있다고 생각하지만 사실은 모르는 것이 아닐까?
· 당연하다는 듯이 사용하고 있지만 다른 사람들은 어떨까?
· 언제나 같은 방법으로 조사해서 알고 있다고 착각하는 것은 아닐까?
· 늘 같은 사람에게 물어보는 것은 아닐까?
· 지금까지 해본 적 없는 방법으로 조사할 수 없을까?

위의 내용을 체크리스트 삼아 조사 방법과 질문 내용을 점검해보면 무의식 영역의 답을 이끌어내는 데 도움이 될 겁니다.

질문은
우리를 미지의 세계로 이끈다

주제를 생각해내는 첫 단계에서 '질문'이 중요한 이유는 또 있습니다. 질문은 받는 사람의 무의식 영역을 파고들 수 있을 뿐 아니라, 묻는 사람이 의도하지 않았거나 알지 못했던 영역의 정보까지 얻을 수 있기 때문입니다. 이를 위해서는 먼저 자신이 알고 있는 영역과 모르는 영역을 파악해야 합니다.

- 기지既知의 지知 이미 알고 있는 영역이나 사항.
- 기지既知의 미지未知 모르는 것을 아는 영역이나 사항.
- 미지未知의 미지未知 모르는 것을 모르는 영역이나 사항.

이미 알고 있는 영역은 기본적으로는 조사하지 않아도 되는 영역이지만 어쩌면 여러분이 이미 알고 있는 기존의 지식이 틀렸을 수도 있습니다. 만약 기존의 상식을 뒤엎는 정보를 찾아낼 수 있다면 그

것은 굉장한 발견일 것입니다.

자신이 모르는 것을 아는 영역이나 사항은 반드시 조사해야 합니다. 모른다는 사실을 알고 있기 때문에 비교적 쉽게 조사할 수 있습니다.

마지막으로 모른다는 사실조차 모르는 영역이 가장 까다롭습니다. 모른다는 사실을 모르기 때문에 무엇을 조사해야 할지도 알 수 없습니다. 하지만 이 영역이야말로 새로운 발견이 숨어 있을 가능성이 가장 높습니다. 미지의 영역이기 때문에 정보의 보고일 가능성이 높지만 어떻게 조사해야 할지 막막할 때 위력을 발휘하는 것이 바로 질문입니다.

질문에 대한 대답을 바로 찾을 필요는 없기 때문에 던지기만 하면 됩니다. 숲 건너편에 무엇이 있을지는 몰라도 '저 숲 건너편에는 무엇이 있을까?'라는 질문은 할 수 있습니다. 그러면 '숲 건너편을 보는 방법은 무엇이 있을까?'라는 질문으로 이어질 수 있습니다.

좋은 질문은 발상의 전환을 불러일으킬 수 있고, 그 다음 단계의 사고로 나아갈 수 있는 힘을 줍니다. 그래서 새로운 것을 생각할 때는 잠시 시간을 두고 내가 하나의 영역만 생각하는 건 아닌지, 내가 모르는 영역은 없는지를 되돌아봐야 합니다.

인풋이 바뀌면 아웃풋도 바뀐다

질문의 중요성에 대해 예를 들어 생각해봅시다.

수업에서는 늘 몇 개의 팀으로 나누어 하나의 주제를 다룹니다. 그중 '게이오京王 이노카시라井の頭 선의 새로운 서비스'라는 주제를 다룬 적이 있습니다. 게이오 전철의 이노카시라 선은 도쿄의 서쪽에 위치한 시부야渋谷 역과 기치조지吉祥寺 역을 잇는 총 길이 12.7킬로미터의 민영철도 노선입니다. 도쿄대 교양학부 고마바 캠퍼스가 있는 고마바토다이마에駒場東大前 역도 이노카시라 선에 속해 있습니다.

A팀은 '이노카시라 선을 이용할 때 불편한 점을 찾아본다면 무언가를 발견하지 않을까?'라는 질문을 설정한 다음 팀원들이 직접 이노카시라 선을 타보고 개선할 점을 찾는 방법을 채택했습니다. 조사를 바탕으로 이노카시라 선을 편하게 이용할 수 있는 아이디어를 제안했습니다.

반면, B팀은 바로 이노카시라 선을 조사하지 않고 '새로운 철도

서비스를 생각할 때 그 철도를 직접 타봐야 하나?'라는 질문에서 시작했습니다. 이 질문은 '이노카시라 선은 철도 이외의 무언가와 유사한 것이 없을까?'라는 새로운 질문으로 발전했습니다.

그리고 철도 노선을 관찰하던 중에 한 가지 사실을 발견했습니다. 노선이 젊은이의 핫플레이스인 시부야와 기치조지를 잇고 있으며, 시부야 역과 기치조지 역 모두 종점이라는 것입니다. B팀은 이노카시라 선의 모양이 마치 시부야가 바깥쪽 입구이고 기치조지가 안쪽 입구처럼 보이는 하나의 거대한 공간과 같다는 것을 발견했습니다. 그런 발견은 "바깥쪽과 안쪽에 따로 출입문이 있으면서 사람들로 붐비는 곳은 어디일까?"라는 질문으로 이어졌으며 "쇼핑몰!"이라는 결론에 이르렀습니다.

이후로 철도를 조사하는 것이 아니라 쇼핑몰을 꼼꼼하게 관찰한 다음 '이노카시라 선을 하나의 쇼핑몰로 활용한다'는 내용의 기획안을 제출했습니다. 구체적인 아이디어는 다음과 같습니다.

- 시부야 역, 기치조지 역, 중간 지점에 해당하는 시모키타자와下北沢 역에서 자유롭게 타고 내릴 수 있는 1일 승차권을 발부한다.
- 역 근처의 가게에서 쇼핑하거나 식사할 때 사용할 수 있는 스탬프 적립 카드를 제공한다.
- 안내 지도를 배포한다.

B팀은 이노카시라 선의 차량을 '거대한 벤치'로 간주했습니다. 쇼핑에 지쳐서 잠깐 앉아서 쉬거나 다음에 어떤 가게를 둘러볼지 정할 때 사용하는 벤치, 즉 이노카시라 선을 움직이는 휴게소로 본 것입니다.

A팀과 B팀 중 어느 쪽이 옳고 어느 쪽이 그르다고는 할 수 없습니다. 하지만 아웃풋이 흥미로웠던 팀은 단연 B팀이었습니다. B팀이 흥미로운 아웃풋을 낼 수 있었던 가장 큰 요인은 질문과 인풋이 참신했기 때문입니다. B팀은 '전철의 새로운 서비스'라는 주제가 나왔을 때 일부러 전철을 타지 않았습니다. 그리고 기존의 관점에서 벗어난 새로운 관점이 스스로도 놀랄 만한 아웃풋으로 이어졌습니다.

무엇을 조사하고, 어떻게 조사할지를 일반적인 관점에서 벗어나 독창적으로 생각해보세요. 인풋의 시점이 흥미로우면 아웃풋도 흥미로워집니다.

세계 최고 인생 코치의 질문력

질문의 중요성에 대해서 조금 더 생각해봅시다.

토니 로빈스Tony Robbins(앤서니 라빈스)는 빌 클린턴 미국 전 대통령을 비롯해 세계적인 투자가 조지 소로스, 배우 앤서니 홉킨스, 테니스 선수 앤드리 애거시 등 쟁쟁한 사람들을 코칭한 세계 최고의 인생 코치입니다. 토니 로빈스는 이렇게 말합니다.

"우리가 얻는 답은 무엇을 질문하느냐에 따라 결정됩니다. 다시 말해 얼마나 훌륭한 대답을 얻을 수 있는 질문을 하는가가 중요합니다."

이 말은 질문(인풋)과 대답(아웃풋)의 관련성을 단적으로 보여줍니다. 또 테니스 코치의 선구자인 티모시 갤웨이Timothy Gallway는 공을 끝까지 보라고 가르치는 대신에 이런 질문을 던졌습니다.

"네트를 넘는 순간 공은 어떻게 회전할까?"

이 질문 덕분에 선수는 공을 보는 일에만 집중할 수 있었습니다. 게다가 실제로 어떻게 회전하는지 알기 위해 자발적으로 연습에 몰두했습니다. 단 하나의 훌륭한 질문이 선수에게서 놀라운 아웃풋을 이끌어낸 전형적인 사례라고 할 수 있습니다.

고대 그리스 철학자 소크라테스 역시 진리를 스스로 깨우치도록 돕기 위해 철학적 문답법을 사용했습니다. 선문답 역시 주고받는 질문에 의해 성립됩니다. 세계적인 발명왕 에디슨은 어렸을 때부터 '왜? 어째서?'를 반복했다고 합니다.

훌륭한 질문에는 자신의 틀과 고정관념을 타파하는 힘이 있습니다. 그리고 '생각하는 힘의 교실'의 장점 중 하나가 질문을 중요시한다는 것입니다.

네 가지 질문법

그럼 어떻게 하면 독창적인 '질문'을 할 수 있을까요? 여기서는 친구를 사귈 때 서로를 알아가는 상황을 가정해 질문의 종류를 확인해보겠습니다. 질문은 크게 네 가지 형태로 나눌 수 있습니다.

닫힌 질문 closed question 'YES/NO'로 대답할 수 있는 질문.

- 서울 출신인가요?
- 형제자매가 있나요?
- 술 좋아하세요?
- 화를 잘 내는 편인가요?

한정 질문 limited question 일정 범위 안에서 대답할 수 있는 질문.

- 즐겨 찾는 곳이 어디인가요?
- 어디 출신인가요?

· 형제자매는 몇 명이고 그중 몇 째인가요?

· 즐겨 마시는 술은 무엇인가요?

열린 질문 open question 자유롭게 대답할 수 있는 질문.

· 다른 사람들이 주로 뭐라고 부르나요?

· 지금까지의 인생에서 가장 감동받았던 일은 무엇인가요?

· 좌우명을 만든다면?

반복 질문 repeat question 더 깊게 파고드는 질문.

· 즐겨 찾는 곳은 어디인가요? → 그 이유는 무엇인가요?

· 무엇을 할 때 가장 행복한가요? → 그 이유는 무엇인가요?

대답을 할 때 닫힌 질문, 한정 질문, 열린 질문의 순으로 많은 생각을 하게 만듭니다.

닫힌 질문은 상대방의 의사를 확인할 때, 구체적인 가설을 검증할 때, 내용을 수렴할 때, 결정을 내릴 때에는 효과적이지만 정보 탐색 단계에서는 그 효과가 한정적입니다. 일상 대화에서처럼 닫힌 질문을 중심으로 설문이나 인터뷰를 진행하면 깊이 있게 파고들기가 힘듭니다.

그래서 인풋 단계에서의 질문은 원칙적으로 열린 질문이어야 합니다. 응답자가 자유롭게 대답할 수 있어 어떤 대답이 돌아올지 알 수 없는 열린 질문이야말로 '모르는 것을 모르는 영역'으로 다가갈 수 있는 실마리가 되기 때문입니다. 훌륭한 열린 질문을 설정할 수 있다면 질문자가 전혀 상상하지 못한 새로운 발견과 만날 수 있습니다.

또 좋은 소재를 발견하기 위해서는 반복 질문을 통해 의식적으로 파고들어야 합니다. 하나의 대답에 대해 '그 이유는 무엇인가요?'라고 반복해 물음으로써 행동 속에 감추어진 응답자 자신도 모르는 심층 세계에 다다를 수 있습니다. 단순한 질문이라도 '왜?'를 반복하면 사고의 폭이 깊어집니다.

상대방에게 생각을 유도하는 데 효과적인 반복 질문은 목적에 따라 질문을 달리함으로써 다양한 효과를 기대할 수 있습니다.

깊게 파고들고 싶다면

· 왜 그런가요?

· 어째서인가요?

· 어떤 의미인가요?

· 조금만 더 알기 쉽게 설명해줄 수 있나요?

확장시키고 싶다면

· 다른 것은 없나요?

· 그 밖에 무엇이 있나요?

· 아직 못다 한 이야기가 있다면 말씀해주시겠어요?

진전시키고 싶다면

· 그래서 어떻게 하는 것이 좋을까요?

· 어떻게 되기를 바라나요?

· 어떤 제약도 없다면 어떻게 하고 싶은가요?

'왜?' '다른 것은?' '그래서 어떻게?'를 반복해 물음으로써 대답을 더욱 깊이 파고들거나 확장시키거나 진전시킬 수 있습니다.

놀라운 발견은
검증보다 탐색에서

주제를 결정하는 질문을 요리에 비유하면 '어떤 요리를 만들까?'이고, '어떻게 조사할까?'라는 질문은 '어디에서 식재료를 조달할까?'에 해당합니다. 식재료를 구하는 데 여러 방법이 있는 것처럼 조사 방법도 다양합니다.

그림과 같이 바꿔 생각하면 이미지를 떠올리기 쉬울 것입니다. 인터넷을 통한 검색은 많은 정보를 빠른 시간 내에 조사할 수 있어 매우 편리하지만 그만큼 정보의 희소성은 떨어집니다. 인터넷 검색처럼 누구나 떠올릴 수 있는 방법이 아니라 자신만의 방식으로 조사하면 아웃풋의 독창성을 향상시킬 수 있습니다.

또 조사하는 목적도 두 가지로 나누어 생각할 수 있습니다.

- **탐색형 조사** 주제에 관한 뜻밖의 깨달음을 얻기 위한 조사.
- **검증형 조사** 가설이 맞는지 확인하기 위한 조사.

요리 재료 구하기와 조사 방법의 비교

어떻게 식재료를 구할까?	⇨	어떻게 조사할까?
슈퍼마켓에서 산다.	⇨	인터넷에서 손쉽게 검색한다.
냉장고에 남아 있는 재료를 사용한다.	⇨	먼저 스스로에게 물어본다.
시장에서 사온다.	⇨	도서관에서 전문 서적을 빌린다.
식재료 전문점에서 산다.	⇨	전문가에게 물어본다.
자가 재배한다.	⇨	독창적인 방법으로 조사한다. (여기가 중요!)

검증형 조사는 '60세 이상의 스마트폰 사용률은 30퍼센트 정도일 것이다'라는 가설을 검증하기 위해 60세 이상 남녀 1000명을 대상으로 스마트폰 사용 여부를 조사하는 방법입니다. 자신이 세운 가설이 맞는지 확인하는 선에서 그치기 때문에 예상외의 깨달음을 얻기는 힘듭니다. 따라서 알고 있는 지식을 확인하고, 자신의 생각에 신뢰도와 설득력을 높이는 데 활용할 수 있는 조사 방법입니다.

탐색형 조사는 '참신하고 기발하면서도 개연성을 갖춘 것이 있지 않을까?'라는 자세로 조사를 실시합니다. 발견과 깨달음의 정도가 크면 클수록 좋은 소재라고 할 수 있으므로 아이디어의 소재를 찾을 때는 탐색형 조사 쪽이 더 유용합니다.

깊이 있는 탐색을 위한 세 가지 조사법

대표적인 조사 방법 세 가지를 소개합니다.

데스크리서치 문헌이나 서적, 기존 자료, 인터넷 등을 활용해 정보를 수집하고 분석한다.

정량조사 양적인 데이터를 취급한다. 주로 설문 조사를 통해 수집된 데이터를 수치화한 뒤 그래프 등으로 표현해 분석한다.

정성조사 질적인 데이터를 취급한다. 조사 대상자의 발언이나 행동 등 수치화할 수 없는 정보 수집을 목적으로 한다.

데스크리서치, 정량조사, 정성조사를 탐색 목적별로 나눠서 설명하겠습니다.

목적과 방법에 따른 조합 사례

	탐색형	검증형
A 데스크 리서치	기초 정보 수집	인정·입증
B 정량조사 (설문)	인사이트를 위한 설문 조사	수용성 평가 조사
C 정성조사 (관찰·청취)	에스노그라피 리서치	집단 심층면접

탐색형 데스크리서치

탐색형 데스크리서치는 기초 정보를 수집하는 방법입니다. 폭넓고 다양한 정보를 접하면서 실마리를 얻으려는 목적으로 실시합니다.

인터넷이 발달한 오늘날에는 검색하면 바로 어느 정도의 '답'을 얻을 수 있기 때문에 데스크리서치는 손쉽게 할 수 있습니다. 그런 만큼 '어떤 정보를 수집하느냐'에 대한 예리한 시각, 수집한 정보의 분석력, 자신만의 해석력 등이 요구됩니다.

신문이나 잡지 기사 분석, 소셜네트워크서비스SNS나 인터넷 검색 엔진 트렌드 분석, 히스토리 분석 등이 탐색형 데스크리서치에 사용됩니다. 또한 하쿠호도생활종합연구소博報堂生活総合研究所에서 운영하는 '미래연표'(http://seikatsusoken.jp/futuretimeline/) 사이트 역시 기초 정보를 수집하는 데 도움이 됩니다.

탐색형 정량조사

탐색형 정량조사는 이용 실태나 특정 주제의 핵심을 정량적으로 파악하기 위한 목적으로 실시합니다. 정량조사에서는 '전체의 몇 퍼센트가 이용한다'와 같이 전체상을 양적으로 파악할 수 있습니다.

인터넷 설문 조사, 집합조사, 빅데이터 분석 등의 방법이 있습니다.

탐색형 정량조사에서는 일반적인 선택형 답변보다는 자유롭게 응답하는 형식이 훨씬 효과적입니다. 예를 들면 '평화라는 단어를 들었을 때 떠오르는 것을 모두 쓰시오'라는 식으로 실체 없는 개념에 대해 제한을 두지 않고 답하게 하면 평소에 의식하지 못하던 무의식 영역의 인사이트를 얻을 수 있습니다.

자유 응답 형식이 아닌 숫자나 고유명사로 답변할 수 있는 형식의 경우에도 질문 내용을 살짝 비틀면 재미있는 결과를 얻을 수 있습니다(63쪽의 하쿠호도생활종합연구소 '숫자 크리에이티브'에서 발췌한 내용 참조).

탐색형 정성조사

탐색형 정성조사는 사람의 행동이나 의식, 현재 그곳에서 일어나고 있는 일, 여러 관련 사항까지 철저히 조사해 가설 자체를 발견하기 위한 목적으로 실시합니다. 그렇기 때문에 탐색형 정성조사를 할 때에는 미리 가설을 세우지 않고 선입견을 배제한 채 실시해야 합니다.

정성조사는 대상자의 생생한 반응을 보거나 답변의 맥락이나 배

마음 속 수치를 끄집어내는 탐색형 정량조사

질문 '아저씨'란 몇 살부터?	답변 43.2세부터
질문 '근처'란 집에서 몇 미터 이내?	답변 472미터 이내
질문 '아침식사'란 몇 시까지?	답변 9시 11분까지
질문 '과거의 일'이란 몇 년 전?	답변 5.5년 전
질문 '호화로운 식사'란 얼마부터?	답변 1인분에 8,560엔부터
질문 '한잔만 하자'란 몇 분 이내?	답변 48.3분 이내

경을 파악하는 데 적합합니다. 정성조사 기법에는 그룹 인터뷰나 상대방의 생각을 깊게 파고드는 심층면접법 등이 있지만 최근 비즈니스 트렌드는 에스노그라피 리서치입니다.

이는 사회학이나 문화인류학에서 현장 조사를 통해 관찰 대상이 되는 부족이나 민족의 문화적 특징과 일상의 행동양식을 관찰하고 상세히 기록하는 방법인 에스노그라피Ethnography를 활용한 것입니다.

- 대상자의 일상생활을 함께하며 그 사람의 삶을 전체적으로 이해한다.
- 대상자와의 인터뷰뿐만 아니라 관찰을 통해 종합적인 정보를 얻는다.

이런 식으로 오감을 활용해 듣고 보고 체감하는 것이 에스노그라피의 특징입니다. 이 방법을 비즈니스 영역, 특히 상품이나 서비스 개발 영역에 응용한 것이 에스노그라피 리서치입니다. 미리 가설을 세우지 않고 고객의 행동과 의식을 폭넓게 조사함으로써 가설 자체를 발견해가는 '가설 발견형 조사'의 대표적인 예입니다.

갈릴레오가
지동설을 주장할 수 있었던 이유는?

어떻게 조사 방법을 창의적으로 생각할 수 있는지 알아보기 위해 실제 수업에서 했던 주제에 대한 한 팀의 조사 방법을 살펴봅시다.

새로운 간식에 대한 아이디어

- 조사 목적 무엇을
- 조사 대상 누구에게
- 조사 방법 어떤 방법으로

간식은 친밀한 소재이기 때문에 다루기 쉬우므로 매년 수업에서 다루는 주제입니다. 포인트는 '과자'가 아니라 '간식'이라는 점입니다. 간식의 사전적 의미는 '끼니와 끼니 사이에 음식을 먹는 행위,

또는 그 음식'입니다. 간식에 대해서 다음과 같은 아이디어를 낸 팀이 있었습니다.

- **무엇을** 간식과 간식이 아닌 것의 경계.
- **누구에게** 대학생과 사회인 각 10명.
- **어떤 방법으로** 간식과 간식이 아닌 것을 카드로 분류.

간식인지 아닌지 구분하기 어려운 지점에 재미있는 것이 있지 않을까, 하는 발상법처럼 단어의 정의나 경계를 재확인하는 작업은 새로운 것을 생각해내고자 할 때 유용하게 활용할 수 있습니다.

예를 들면 미래 자동차에 대한 아이디어를 생각할 때 어디까지가 자동차의 범주일까를 먼저 생각해보는 것입니다. 바퀴가 세 개라면 어떨까, 움직이지 않는다면 어떨까, 문이 열 개 있다면 어떨까 등 자동차의 개념에서 벗어나지 않는 아슬아슬한 경계선에 지금까지 없던 새로운 아이디어가 잠들어 있기 때문입니다.

팀원들은 '간식과 간식이 아닌 것을 구분하는 조사'라는 제목으로 '간식 시트'를 만든 다음, 조사 대상자에게 '간식'과 '간식이 아닌 것'으로 분류해 달라고 했습니다. 예를 들면 과일은 간식일까 아닐까, 컵라면은 간식일까 아닐까 등을 물은 것입니다.

조사 결과 정확히 경계선에 위치한 것은 놀랍게도 고기만두였습니다. 조사 대상의 절반이 고기만두를 간식으로 간주했고 나머지 절반은 간식으로 인정하지 않았습니다. 간식이라고 해서 무조건 달달한 것일 필요는 없다는 사실을 알면 간식에 대한 아이디어의 폭은 훨씬 넓어질 것입니다. 이 경계선 조사는 흥미로운 관점에서 나온 질문이 흥미로운 조사 방법을 낳는다는 것을 보여주는 하나의 예입니다.

갈릴레오 갈릴레이는 달의 분화구와 목성의 위성을 발견함으로써 지동설에 도달할 수 있었습니다. 천동설을 진리로 믿던 시대에 그가 지동설을 주장할 수 있었던 이유는 무엇일까요?

그것은 망원경이라는 '보는 도구'를 발명했기 때문입니다. 망원경으로 하늘을 관측했기 때문에 다른 사람은 보지 못했던 것이 그에게는 보였던 것입니다.

인풋에서의 질문과 조사 방법은 '보는 도구'에 해당합니다. 기존의 방법으로는 전과 동일한 발견밖에 할 수 없습니다. 갈릴레오의 망원경처럼 보는 방법, 즉 질문과 조사 방식을 새롭게 고안할 필요가 있는 것입니다.

가급적 여러 조사 방법을 조합해 독창적인 조사 방법을 만드는 것이 좋습니다. 자유롭게 자신만의 방법을 만드는 것도 괜찮습니다. 이 수업의 맨 끝에 정리해둔 조사법에 대한 설명(102쪽)을 참고하면서 새로운 조합을 생각해보세요.

평균보다 극단에 새로운 발견이 있다

탐색형 조사는 검증형 조사와는 달리 표본 수의 많고 적음이 큰 문제가 되지 않습니다. 극단적으로 말하자면 단 한 개라도 흥미로운 것을 발견하면 됩니다.

검증형 조사는 확실하고 객관적인 근거를 수집하는 것이 목적입니다. 정규분포 곡선은 좌우대칭인 산 모양을 하고 있는데 산의 한 가운데 부근에 대다수의 '평균적 사용자major user'가 있고 산의 양 끝자락에 소수의 '극단적 사용자extreme user'가 있습니다. 대부분의 통계 조사는 검증을 목적으로 실시하기 때문에 평균적 사용자가 몇 명 있는지, 그들을 제대로 조사했는지가 중요합니다.

그러나 탐색형 조사에서는 평균적 사용자의 의견으로 재밌는 발견을 하기가 힘듭니다. 그보다 양 끝에 있는 극단적 사용자의 의견을 듣는 쪽이 더 흥미진진한 발견을 할 수 있습니다.

앞에서 사례로 든 지하철 노선의 새로운 서비스에 대한 기획을 생각해보세요. 아침저녁에 출퇴근이나 통학용으로 지하철을 이용하는 평균적 사용자에게 그러한 다른 관점의 이야기를 들을 수 있을까요? 오히려 하루에 네다섯 번 지하철을 타거나 지하철역을 전혀 이용하지 않는 극단적 사용자에게 의견을 묻는 쪽이 새로운 발견을 기대할 수 있습니다.

다른 주제도 마찬가지입니다. TV를 여덟 대나 가지고 있는 사람이 있다면, 왜 그렇게 TV가 많은지 묻고 싶지 않나요? 지금 시대에 휴대전화가 없는 사람이 있다면, 왜 휴대전화를 사용하지 않는지 묻고 싶지 않나요? 거기에 예상외의 보물이 잠자고 있습니다.

극단에 있는 사람들은 소수파이므로 전체 사용자의 니즈를 반영하지 못한다는 생각에, 의견을 물어봤자 도움 되지 않는다고 생각하기 쉽습니다. 그러나 이노베이션의 관점에서 생각하면 그들은 '미래의 다수파'가 될 가능성을 갖고 있습니다. 지금은 한 사람일지도 모르지만 5년 후, 10년 후에는 수천 명, 수만 명으로 늘어날 수 있는 귀중한 의견인 것이지요.

사실 이노베이션은 한 사람에게서 시작되고 그것이 대중에게 받아들여져 트렌드가 됩니다. 그리고 그 한 사람을 찾아내는 것이 곧 좋은 소재를 수집하는 것입니다. 요리에 비유하자면 아무도 모르는 숨은 맛집을 찾는 것과 같습니다. 그 맛집이 입소문을 타고 지역을 대표하는 명소가 되는 것이지요. 그런 의미에서 1000명을 조사했을 때 999명은 버려도 됩니다. 그중 재미있어 보이는 단 한 명만 건져도 성공입니다.

'조사'라는 단어에서 딱딱함과 지루함을 느끼는 사람도 있겠지요. 하지만 참신하고 재미있는 것을 찾기 위한 과정이라 생각하고 유연한 사고로 임하다 보면 어느새 마음도 편해질 것입니다.

어디까지 조사하면 될까?

아이디어의 '질'은 '양'에 비례합니다.

젊은 시절 광고계에 몸담고 있었을 때는 100개의 아이디어를 내거나 1000개의 광고 카피를 만드는 등 무조건 양으로 밀어붙이는 경향이 있었습니다. 동료 중에는 아이디어를 잘 내지 못하는 이도 있었는데, 그들이 내는 아이디어의 수는 압도적으로 적었습니다. 반대로 아이디어를 잘 내는 사람들은 진부한 아이디어를 포함해 어쨌든 많은 양의 아이디어를 냈습니다. 모든 아이디어가 기발할 필요는 없습니다. 많은 아이디어 중 몇 개가 좋으면 되는 것입니다.

인풋의 '질'도 아이디어의 '질'과 마찬가지로 '양'에 비례합니다. 혼자서 정보를 수집하면 질과 양의 균형을 이루기 어렵습니다.

'장님과 코끼리'라는 인도의 우화가 있습니다. 그 이야기에서 코끼리의 다리를 만진 맹인은 "기둥 같았다"라고 대답했고 꼬리를 만진 맹인은 "밧줄 같았다"라고 대답했습니다. 또 코를 만진 맹인은

"나뭇가지 같았다"라고 대답했고 귀를 만진 맹인은 "부채 같았다"라고 대답했습니다. 마지막으로 배를 만진 맹인은 "벽 같았다"라고 대답했습니다. 여러 명의 맹인이 코끼리의 신체 일부를 만진 뒤 서로 의견을 주고받았지만 결국 코끼리의 진짜 모습은 알 수 없었습니다.

이처럼 아무리 열심히 조사하더라도 혼자서 하면 사물의 한 면밖에 볼 수 없습니다. 다면적으로 정보를 수집하기 위해서는 여러 사람의 관점에서 정보를 수집할 필요가 있습니다.

여러 사람이 정보를 수집해야 한다는 것은 앞서 언급한 '표본은 한 사람이라도 상관없다'는 것과는 다른 이야기입니다. 조사 대상은 한 사람이어도 되지만 그것을 보는 사람은 여러 명인 쪽이 더 좋다는 의미입니다.

동일한 대상을 보더라도 보는 사람에 따라 깨달음이나 발견은 다르기 마련입니다. 정보를 다각적으로 수집할수록 새로운 발견을 할 가능성이 높아집니다.

사례 연구의 함정

수집한 정보 중에는 주의해서 다루어야 할 것도 있습니다. 그 대표적인 예가 바로 '사례 연구'입니다. 사례 연구를 할 때 경쟁사 동향이나 업계 정보, 많은 사람이 접근할 수 있는 출처의 정보나 데이터, 다른 사람의 모범 해답 등을 모으는 경우가 많습니다.

하지만 이와 같은 정보는 잘못 다루면 매우 위험한 정보가 될 수 있습니다. 부적절한 정보 인풋이 아웃풋의 동질화를 초래하기 때문입니다. 동종 업계나 경쟁사의 사례만을 모으는 경우 특히 동질화의 위험이 높아집니다.

물론 동종 업계나 경쟁사에 대한 정보 수집은 중요합니다. 하지만 업계 동향을 파악할 목적이었던 것이 정보를 알면 알수록 지나치게 기존의 정보를 의식해 경쟁 제품에서 벗어나지 못하고 비슷한 제품을 만들고 마는 것입니다. 이것을 '동질화의 함정'이라고 합니다.

예를 들면 신뢰성, 안전성, 친환경성 등의 항목으로 나누어 자사와 타사의 제품을 비교해 평가 점수를 매긴 정량조사를 진행했다고 합시다. 이 데이터를 분석해보니 자사의 제품이 타사와 비교해 '친환경성이 떨어진다'는 결과가 나왔습니다. 여기서 대부분의 기업이 '역시 친환경적으로 만들어야겠어. 에코 패키지로 하자'라고 결정짓습니다. 이러한 결론이 틀렸다고 단언할 순 없지만, 이는 경쟁이 심한 시장에 무모하게 뛰어드는 행위입니다. 기존 데이터를 사용해 이미 시장을 선점한 타사와 같은 링 위에 오르는 것이기 때문입니다. 여러 가지로 불리한 상황이지요.

이러한 일은 모든 업계에서 벌어지고 있습니다. 경쟁사는 하나만 존재하는 것이 아닙니다. A사의 어느 기능, B사의 어느 기능, C사의 어느 기능이 조금씩 신경 쓰일 것입니다. 경쟁사의 사례를 바탕으로 아이디어를 생각해낸다면 경쟁사 또한 같은 일을 되풀이할 것이며 결국 시장에는 동일한 제품만 만들어질 것입니다. 그러니 애써 개발한 요리임에도 이웃 가게에서 내놓는 요리와 차별화되지 않는 것입니다. 사례 연구의 정보를 안일하게 받아들이지 않도록 주의해야 하는 이유입니다.

여담이지만 대학생의 취업 활동도 마찬가지입니다. 저도 면접관으로 참여한 적이 많은데 안타까운 점은 대다수 학생이 매뉴얼대로 자신을 어필하고 있다는 점이었습니다.

"리더십이 있어서 친구들 사이에서 신뢰를 받았으며, 기획력 또한 있어서…"라는 자기소개서가 대부분이었습니다. 취업에 성공한 선배와의 만남에서는 "지금까지 가장 인상적이었던 업무는 무엇입니까?"라든지 "지금까지 가장 큰 실패는 무엇입니까?"라는 매번 똑같은 질문을 합니다. 그러면 대답하는 쪽도 '또 그 질문이야' 하는 생각에 성의 없이 판에 박힌 대답을 할 수밖에 없습니다. 취업 매뉴얼을 참고하는 것도 좋지만, 역으로 매뉴얼에 실린 대로는 절대 묻지 않겠다는 마음가짐으로 독창적인 질문을 생각해보세요.

이처럼 동질화의 함정을 피하기 위해서는 경쟁사의 사례 연구는 반면교사로 삼는 것에 그쳐야 합니다. '다른 회사는 이런 상황이군. 그렇다면 우리 회사는 다른 방향으로 가자.' 이런 식으로 말입니다.

반대로 전혀 다른 업종의 사례 연구에는 새로운 발견들로 가득합니다. 예를 들면 요식업계의 마케팅 기법을 의료업계에 종사하는 사람이 배우거나 금융업계 시스템을 농업에 도입하거나 하는 것입니다.

정보 정리는 포스트잇에 한 줄로

다음으로 수집한 정보를 어떻게 정리할 것인가에 대해 이야기하겠습니다. 가장 기본적이면서 효과적인 정리법은 중요한 내용이나 눈에 띄는 내용을 포스트잇에 하나씩 적는 것입니다. 포스트잇 정리법에는 다음과 같은 장점이 있습니다.

- 중요한 사항을 잊지 않는다.
- 다른 사람과 공유할 수 있다.
- 정보를 정리하거나 통합할 수 있다.

각자가 찾아낸 정보를 포스트잇에 정리한 다음 일정한 장소에 붙이면 모두가 공유할 수 있습니다. 이 작업을 '다운로드'라고 부릅니다. 다음과 같은 점들을 유의하면서 작성하도록 합니다.

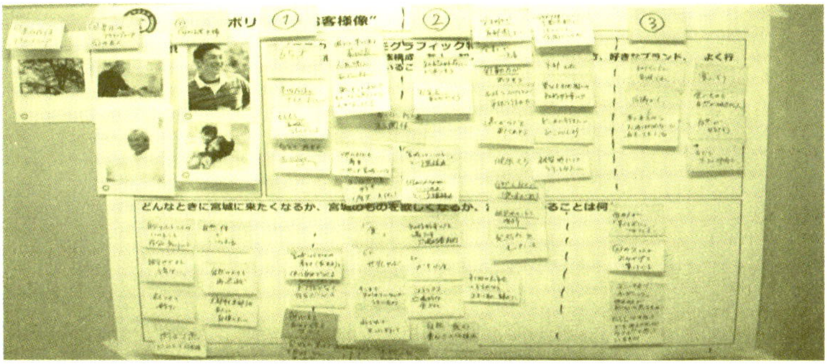

- 포스트잇은 한 장의 프레젠테이션 슬라이드와 같다.
- 포스트잇 한 장에 하나의 정보만 쓴다.
- 굵은 펜으로 보기 쉽게 한두 줄로 정리한다.
- 사실과 해석을 분류한다.
- 어미를 명확하게 쓴다.

포스트잇을 한 장의 프레젠테이션 슬라이드라고 생각하면 이해가 쉽습니다. 때문에 누구나 바로 이해하고 정보를 얻을 수 있도록 한두 줄 이내로 간결하고 명확하게 적는 것이 좋습니다.

인풋 단계에서는 실제 사실, 정보의 해석, 해결책을 제시하는 아이디어를 구분지어 적도록 합니다. 수업에서는 세 종류를 구별하기 위해 사실은 노란색, 해석은 파란색, 아이디어는 분홍색 포스트잇에 써서 보드에 붙입니다.

포스트잇 적는 법

아이디어나 발견한 사실을
포스트잇 혹은 카드에 작성하는 3단계 정리법

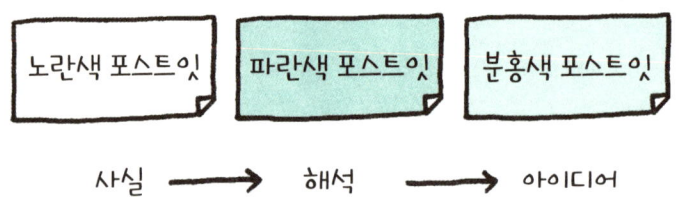

노란색 포스트잇 | 파란색 포스트잇 | 분홍색 포스트잇

사실 → 해석 → 아이디어

또한 포스트잇에 내용을 쓸 때 의외로 어미를 명확하게 쓰지 않는 경우가 많습니다. 예를 들면 제품 사진과 함께 '이 제품의 디자인'이라는 내용의 포스트잇이 붙어 있다고 가정합시다. 작성한 사람은 '이 제품의 디자인이 좋다'는 의미로 썼을지 몰라도 다른 사람이 보기에 디자인이 좋다는 것인지 나쁘다는 것인지 알 수 없습니다. 누가 보더라도 알 수 있도록 어미를 확실하게 써야 합니다.

의외의 발견을 할 수 있는 KJ법

일본에서 가장 유명한 발상법 혹은 정보분석법 중 하나가 KJ법일 것입니다. KJ법은 문화인류학자인 가와키타 지로川喜田二郎가 고안한 방법으로 그의 이니셜을 따서 지었습니다. 그는 여러 시행착오를 거친 끝에, 방대한 양의 정보를 카드에 기입한 뒤 카드를 그룹별로 정리하는 방법을 개발했습니다. KJ법은 학교나 기업 등 다방면에서 널리 사용되고 있습니다.

수업에서는 KJ법의 기본을 따르면서도 다음과 같이 간략화해서 사용하고 있습니다.

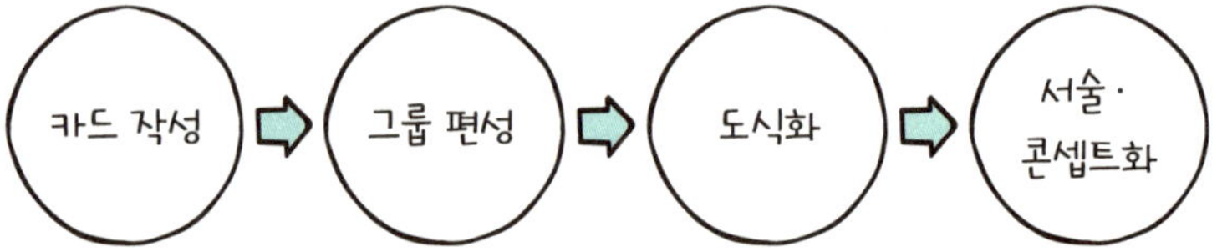

여기서 짚고 넘어가야 할 것은 KJ법은 '분류법'이 아니라 '발상법'이라는 점입니다. 분류 기준을 기존의 지식이나 이론이 아니라, 자신이 어떻게 생각하고 느끼는지에 초점을 맞춥니다. 그래서 자신이 세상을 바라보는 관점을 확인할 수도 있습니다.

비즈니스에서 KJ법을 제대로 활용하지 못하는 사람은 매우 흔합니다. 이는 '분류'로서만 KJ법을 다루기 때문입니다. 언뜻 상관없어 보이는 다양한 정보를 하나하나 음미하며 통합함으로써 지금까지 인식하지 못했던 무언가를 발견할 수 있는 사고법이 바로 KJ법입니다.

'정보 정리도 크레이티브하게'가 리본 사고의 핵심입니다. 중요하고 새로운 것을 발견하겠다는 자세로 대량의 정보를 정리하고 음미해보세요.

그 정보는 정말 믿어도 될까?

리본 사고의 인풋 단계에서는 탐색형 조사를 중요시합니다. 하지만 다음과 같은 경우에는 검증형 조사가 효과적입니다.

- **조금 더 확인하고 싶을 때** 적은 표본에서 얻은 발견이라서 양적 확증이 충분하지 않을 때.
- **압축하고 싶을 때** 인풋 단계에서 너무 많은 발견을 해서 좁히지 못할 때.
- **정리해두고 싶을 때** 도중에 얼마나 진행했는지 보고하고 판단을 기다려야 할 때.

이때 실시하면 좋을 대표적인 검증형 조사를 소개합니다. 앞서 소개한 데스크리서치, 정량조사, 정성조사를 검증의 목적에 따라 정리했습니다(60쪽 참고).

인정·입증

가설의 개연성을 기존 정보나 공개된 정보로 입증하기 위해 실시합니다. 공공 기관, 학술 단체, 연구 기관 등을 출처로 하는 자료는 비교적 신뢰성이 높기 때문에 효과적으로 활용할 수 있습니다.

수용성 평가 조사

발견한 방향성이 얼마나 수용될 수 있는가를 정량적으로 측정하는 조사입니다. '얼마나 좋은가?' '어느 쪽이 좋은가?'라는 선호도를 묻는 설문 조사 등을 활용합니다.

집단심층면접FGI: Focus Group Interview

주제에 맞는 사람들을 모아 가설이나 아이디어에 대해 의견을 나누거나 기획의 정확도를 높이는 것이 목적입니다. 마케팅 조사의 전통적인 방법으로 널리 사용되고 있습니다.

사용하고 있는 상품이나 서비스, 성별이나 연령과 같은 비슷한 조건의 참가자 여섯 명 정도를 하나의 그룹으로 만듭니다. 참가자들과 사전에 검토할 점을 정하는 개별 인터뷰를 실시한 다음 훈련된 진행자의 주도하에 주제에 관한 인식 및 실태에 대해 묻습니다.

새로움과 깊이 중
무엇을 중시해야 할까?

이제까지 다양한 조사 방법과 조사한 자료를 정리하는 방법까지 이야기했습니다. 그럼 조사를 통해 찾아내야 할 대단한 발견이란 어떤 것일까요? 인풋 단계에서의 대단한 발견은 다음의 두 종류로 크게 나눌 수 있습니다.

- 지금까지 알지 못했던 새로운 가치.
- 깊은 곳에 있는 본질적 가치.

'지금까지 알지 못했던 새로운 가치'란 새로움의 발견입니다. '그렇게 볼 수도 있겠군' 하고 생각할 만한 것입니다. 앞의 이노카시라 선 사례에서 보면, 이노카시라 선을 교통수단이 아닌 시부야와 기치조지를 잇는 거대한 쇼핑몰의 '이동 휴게소'로 인식하는 것이 새로운 가치에 해당합니다.

두 종류의 대단한 발견

알지 못했던 새로운 가치 ≒ 새로움
"그렇군, 그것(대상물)에는
그런 가능성도 있었군."

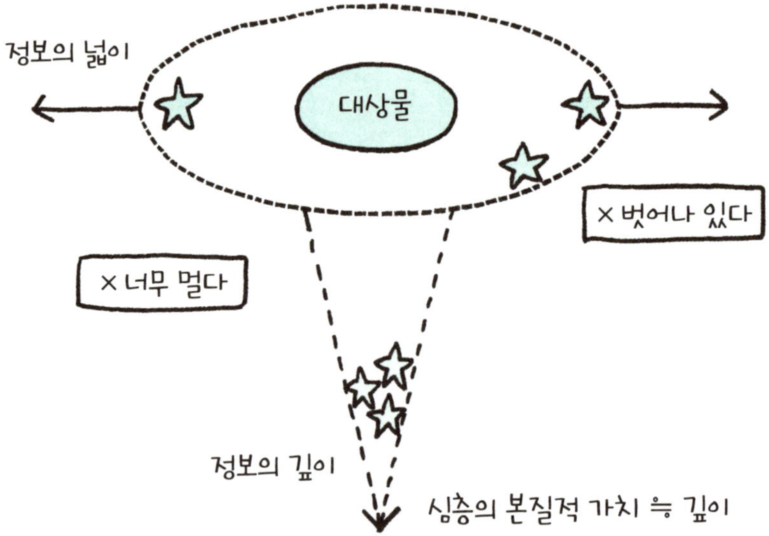

심층의 본질적 가치 ≒ 깊이
"그렇군, 그것(대상물)에는
그런 가치가 있었군."

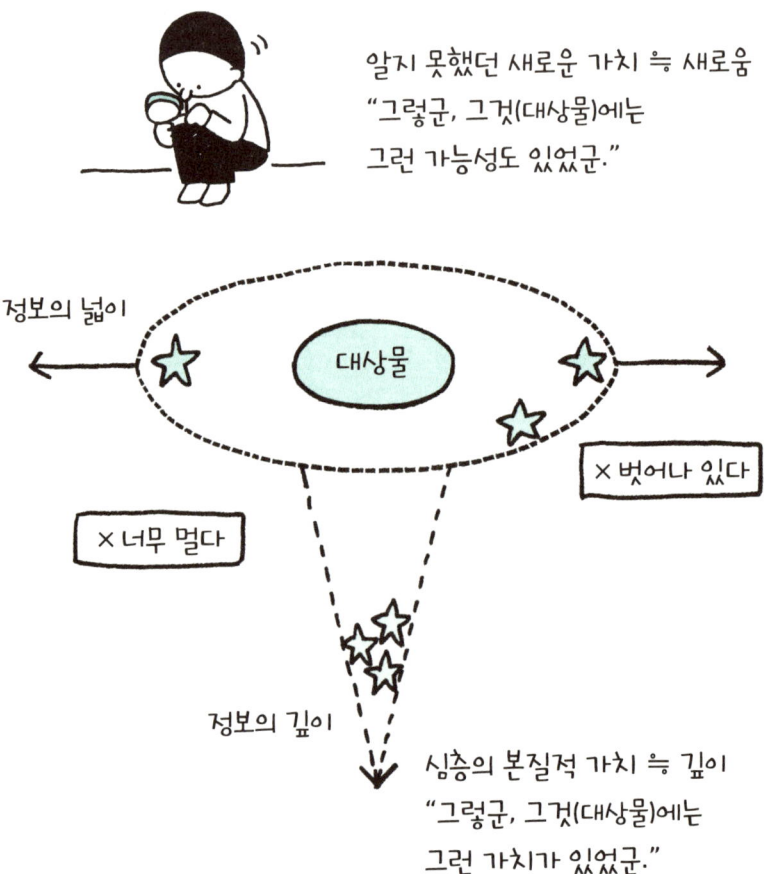

이때 주의할 점은 대상과의 거리감입니다. 너무 가까우면 새롭게 느껴지지 않고 너무 멀면 이해와 공감을 얻기가 힘듭니다. 아슬아슬한 범위 내에서 가장 먼 것을 찾는다는 인식이 중요합니다.

반면 '깊은 곳에 있는 본질적 가치'란 깊이의 발견입니다. '그만큼이나 가치가 있군' 하고 생각할 만한 것입니다. 예를 들어 간식이란 끼니와 끼니 사이에 출출한 배를 달래주는 것입니다. 그렇다면 간식이 꼭 과자일 필요는 없다는 발견이 본질적 가치에 해당합니다.

이때 주의할 점은 대상을 정확하고 자세하게 조사해야 한다는 것입니다. 이 경우에도 대상의 범주에서 벗어나 너무 파고들 경우 주위 사람의 이해와 공감을 얻기 힘듭니다.

실패를
두려워하지 말자

지금까지 인풋 과정에 대해 설명했습니다. 여기서 다시 한 번 정리해 봅시다. 인풋 단계의 과정을 세분화한 것이 다음 쪽의 그림입니다.

일반적인 인풋 단계의 흐름은 '인풋 방향의 탐색(질문)'에서 확산하고 '인풋 방향의 압축'에서 수렴해 인풋의 주제를 정합니다. 그리고 이를 '탐색형 인풋'에서 다시 확산하고 '검증형 인풋'에서 새로운 발견을 위해 수렴합니다. 인풋 후반은 다음 단계인 '콘셉트'를 정하기 위해 정보를 정리하고 발견하는 작업입니다.

그러나 실제로는 그림의 순서대로 원활하게 흘러가지 않습니다. 생각의 흐름은 대부분 비선형 구조로 흐르기 때문입니다. 다시 말해 왔다 갔다를 반복합니다.

비즈니스 현장에서도 '탐색형 인풋에서 흥미진진한 발견을 한 줄 알았는데 검증해보니 아닌 것 같네. 처음부터 다시 해보자'라든가 '인풋은 마쳤지만 왠지 진부하네. 질문부터 다시 설정해보자'와 같

인풋 단계의 리본 사고

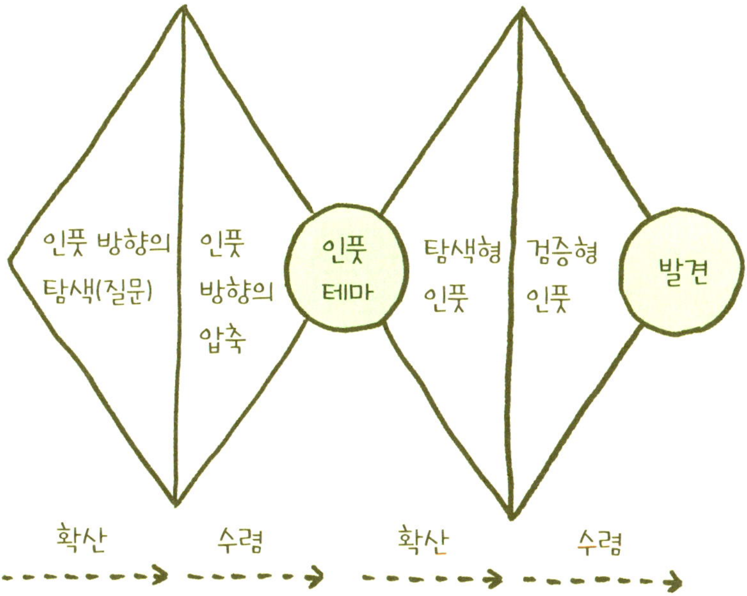

은 일이 빈번하게 발생합니다. 그러므로 처음부터 다시 시작하는 것을 두려워하지 말아야 합니다.

하지만 여기서 한 가지 문제가 발생합니다. 대부분의 업무 현장에서는 후퇴가 힘들다는 것입니다. 후퇴가 불가능한 이유는 다양하지만 대표적인 것은 다음과 같습니다.

· 마감이 얼마 남지 않아서.

· 상사와 의논한 후 진행하고 있기 때문에.

· 이미 대규모의 예산이 투입되었기 때문에.

· 지금까지 많은 시간과 노력을 쏟았기 때문에.

후퇴가 불가능하다고 생각하면 새로운 것을 창출하기가 힘듭니다. 기한을 정하는 것이 다시 시작하는 것에 대한 두려움을 일으키고 결과적으로는 참신한 발견을 하지 못하는 원인이 되는 것입니다.

새로운 것을 창출하기 위해서는 '새로움과 흥미로움'에만 충실해야 합니다. 아무리 많은 시간과 노력을 들인 인풋이라고 하더라도 참신성이 떨어진다고 판단되면 과감하게 버린다는 각오가 필요합니다. '헤매는 것은 당연하다'는 인식을 팀 전체가 공유하고 전 단계로 되돌아가는 경우까지 일정과 예산에 포함시킬 필요가 있습니다.

인공지능으로 대체되지 않을 인간의 조건

마지막으로 언급해두고 싶은 것은 최근 흐름이기도 한 빅데이터, 인공지능AI과 인풋의 관계입니다. 요즘의 트렌드이기도 한 빅데이터를 리본 사고 속에 어떻게 녹아들게 할까요?

당연한 말이지만 최근에는 정보 수집 작업을 할 때 빅데이터에 의존하려는 움직임이 현저합니다. 빅데이터는 중요한 인풋의 하나로서, 더욱 적극적으로 활용할 필요가 있습니다.

또한 인공지능은 방대한 사실과 정보를 정확하게 분석하거나, 과거의 데이터를 바탕으로 판단을 내릴 때 위력을 발휘할 것입니다. 다만 인풋에서 콘셉트로 넘어가는 과정에는 반드시 '해석'이라는 행위가 들어가는데 지금의 기술 수준으로는 인공지능이 정확한 해석을 하기 힘듭니다.

그렇다면 '해석'이란 무엇일까요? 그 중요성을 단적으로 보여주는 유명한 에피소드를 소개합니다.

신발 판매원 두 명이 남양군도의 외딴 섬으로 영업을 갔다. 그런데 섬 주민들이 모두 맨발로 생활하고 있었다.

이 모습을 보고 한 사람은 크게 실망해, 다음과 같은 편지를 본사에 보냈다.

"왜 이런 이상한 곳에 왔는지 모르겠습니다. 이 섬은 우리에게 전혀 가치가 없는 곳입니다. 이곳에서는 아무도 신발을 신고 있지 않기 때문입니다."

그런데 다른 한 사람은 매우 기뻐하며, 다음의 편지를 본사에 보냈다.

"여기는 굉장한 곳입니다. 아직 아무도 신발을 신고 있지 않기 때문에 신발의 효용을 알리면 신발이 잘 팔릴 것입니다."

위의 에피소드에서는 '아무도 신발을 신고 있지 않다'는 것이 '분석'에 해당합니다. 분석한 내용으로부터 '그러므로 신발이 팔리지 않을 것이다' 또는 '그래서 신발이 잘 팔릴 것이다'라고 판단하는 것이 '해석'에 해당합니다. 분석 결과는 같더라도 해석은 다를 수 있음을 알려주는 이야기입니다.

여기서 분석과 해석의 정의를 살펴봅시다. 국어사전에 따른 정의는 다음과 같습니다.

분석 얽혀 있거나 복잡한 것을 풀어 개별적인 요소나 성질로 나누는 것.

해석 사물이나 사람의 행동 등의 내용을 판단하고 이해하는 일.

현재의 인공지능이 할 수 있는 것은 분석의 영역입니다. 반면에 분석한 정보를 해석하는 일은 인간이 할 수 있는 영역입니다.

알기 쉽게 이야기하자면 인공지능은 목표가 명확한 분야에 특화되어 있습니다. 바둑이나 장기의 경우 인간이 인공지능에 대적할 수 없는 상황까지 와 있습니다. 바둑과 장기를 두는 방법이 정해져 있고 '승리'라는 목적이 명확하기 때문입니다. 이로부터 추측하면 목표가 명확한 일은 언젠가 인공지능에 의해 대체될 가능성이 높다고 할 수 있습니다. 하지만 다음과 같은 분야는 인공지능이 대체하기 어렵습니다.

· 목표가 명확하지 않은 분야.

· 여러 가지 목적이 혼재하는 분야.

· 다른 영역으로 확장되는 분야.

예를 들면 변호사의 업무 중에서도 작업 과정이 대체로 정해져 있는 업무는 이미 인공지능에 의해 대체되기 시작했지만 법정에서 판사나 검사와 법리 공방을 펼치면서 임기응변으로 대응해야 하는 업무는 대체되기 어렵다고 할 수 있습니다.

앞으로 기술이 더 발전하면 해석은 물론 최종 아웃풋까지 인공지능이 담당할 날이 올지도 모릅니다. 다만 그때도 인공지능과는 다른 해석, 인간만의 지혜로움은 요구될 것입니다. 단순한 기계적인 정보 수집이 아니라 창조적으로 정보를 수집해야 하는 인풋의 중요성이 향후에는 더욱 증가할 것입니다. 그것이 '사고하는 것'의 중요한 첫걸음이기 때문입니다.

아이돌과 함께하는

생 힘 교

걸그룹 노기자카46이 생각하는 힘의 교실에서 배운 것

여성 아이돌 그룹 노기자카46이 생각하는 힘의 교실에서 강의를 들었습니다. 아이돌과 도쿄대생이 같은 공간에서 공부한다면 재미있는 일이 생기지 않을까, 하는 발상에서 시작된 프로젝트였습니다.

아키모토 마나츠[秋元真夏], 이쿠타 에리카[生田絵梨花], 이토 카린[伊藤かりん], 마츠무라 사유리[松村沙友理], 와카츠키 유미[若月佑美] 이렇게 다섯 명의 멤버가 선발되어 수업에 참여했습니다. 참가 조건은 특별 대우 없이 진지하게 수업에 임하는 것이었습니다. 강의를 듣는 것 외에는 프레젠

테이션 기획부터 발표까지 그 누구의 도움도 받지 않았습니다. 모든 아이디어는 멤버들 스스로 생각해낸 것이며 각자 역할을 분담해 프레젠테이션 자료를 작성하고 디자인 작업을 진행했습니다.

강의를 들은 다섯 명에게는 수업 성과를 살리기 위해 브랜드 디자인 콘테스트 '2015 BranCo!'에 참여하도록 했습니다. 다섯 명의 멤버는 팀 이름을 '노기자과課'라고 짓고 도쿄생과 같은 조건으로 콘테스트에 참여했습니다.

평소에 프레젠테이션 자료 작성을 해보지 않았더라도 단기간의 수업 참여만으로 리본 사고를 이용해 어느 정도의 성과를 거둘 수 있다는 것을 이 사례를 통해 확인할 수 있습니다. 또한 아이돌로서의 색다른 경험을 통해 새로운 것을 만들어내는 과정도 눈여겨볼 점입니다. 프레젠테이션 내용은 인풋 → 콘셉트 → 아웃풋의 순으로 설명하겠습니다.

새로운 학습 서비스를 만들자

인풋

노기자과는 먼저 자신들의 독자성을 살린 질문을 설정했습니다.

"아이돌 활동을 통해 배운 것을 사람들에게 도움이 되는 아이디어로 바꿀 수 없을까?"

그들은 학습은 '머리로 하는 학습'과 '마음으로 하는 학습'으로 나눌 수 있다는 사실을 발견했습니다. 머리로 하는 학습은 정답이 있는 것이 많고 학교에서 배울 수 있는 것인 반면 마음으로 하는 학습은 정답이 없고 배울 수 있는 기회가 적다는 차이를 깨달았습니다. 노기자과는 자신들의 특성을 살릴 수 있는 '마음으로 하는 학습'에 초점을 맞추기로 했습니다.

그 다음에 한 일은 노기자카46의 멤버 스무 명을 대상으로 한 설문 조사였습니다. 현역 아이돌을 대상으로 한 설문 조사는 인풋으로서는 희소가치가 높아 꽤 흥미로운 소재였습니다. 조사를 통해 얻은 발견은 다음과 같습니다.

질문

· 아이돌로 활동하면서 가장 많이 배운 것은?

· 멤버로 합류한 후 스스로 성장했다고 느낀 적은 언제인가?

답변

· 멤버 전원이 학교에서 배울 수 없는 것들을 많이 배웠다고 답했다.

- 멤버의 절반 정도인 45퍼센트가 팬들과의 관계에서 가장 많은 것을 배웠다고 답했다.
- 특히 팬 사인회를 통해 배웠다는 멤버가 많았다.

팬 사인회란 팬의 시선으로 보면 '평소 좋아하던 아이돌과 일대일로 악수를 하며 사인을 받는 이벤트'이지만 아이돌의 시선에서 보면 '처음 보는 사람을 상대로 짧은 시간 동안 악수를 하고 말을 주고받는 이벤트'입니다. 노기자카46의 멤버들은 팬 사인회를 통해 다음의 다섯 가지 능력을 익혔다고 합니다.

좋은 첫인상을 심어주는 능력

- 웃음을 띤다.
- 눈을 마주본다.
- 맞장구를 친다.

상대방의 마음을 읽는 능력

- 뭘 좋아할지 생각해본다.
- 공통점을 발견한다.

상대방에게 맞추는 능력

- 상대방의 기분에 맞춰준다.
- 벽을 허문다.

상대방에게 질문하는 능력

- 대답하기 곤란한 질문은 하지 않는다.
- 상대방을 기분 좋게 한다.

다음으로 이어가는 능력

· 다시 만날 약속을 한다.

팬 사인회에서 한 사람의 팬과 교류할 수 있는 시간은 아주 짧습니다. 노기자카46의 멤버들은 이 짧은 시간에 위의 다섯 가지 능력을 구사한 것입니다. 그리고 수많은 팬과 교류함으로써 자기도 모르는 사이에 다섯 가지 능력을 몸에 익혔다는 것은 인풋을 통해 얻은 새로운 발견이었습니다.

콘셉트

인풋을 통해 얻은 발견을 바탕으로 노기자과는 '팬 사인회를 통해 얻은 지식을 활용해 대면 커뮤니케이션 방법을 배울 수 있는 브랜드를 제공하자'라는 방향성을 설정했습니다. 그리고 의사소통 능력을 향상시키고 싶은 사람들(특히 신입사원이나 취업준비생)을 타깃으로 '첫 만남의 어색함을 극복하는 방법'이라는 콘셉트를 정했습니다.

구체적인 내용은 노기자카46이 아이돌 활동의 하나인 팬 사인회를 통해 배운, 처음 만나는 사람과 의사소통하는 데 중요한 다섯 가지 능력을 알려준다는 것입니다. 첫 만남의 어색함을 극복할 수 있는 다섯 가지 능력은 앞에서 말한 좋은 첫인상을 심어주는 능력, 마음을 읽는 능력, 상대방에게 맞추는 능력, 질문하는 능력, 다음으로 이어가는 능력입니다.

아웃풋

콘셉트를 바탕으로 노기지과가 발표한 아웃풋은 다음의 두 가지 입니다.

- '첫 만남의 어색함을 극복하기 위한 BOOK'을 통해 다섯 가지 능력을 배울 수 있다.
- 역지사지 사인회를 통해 다섯 가지 능력을 발휘해볼 수 있다.

아웃풋으로서의 책 제목은 커뮤니케이션communication과 능력能力을 하나의 단어로 합성해 《커뮤력comu力》이라고 지었습니다. 책에는 증강현실AR과 연동되는 바코드를 실습니다. 스마트폰을 바코드에 대면 내비게이터가 나타납니다. 독자는 이를 통해 첫 만남의 어색함을 극복하기 위한 연습을 재밌게 할 수 있습니다.

출간 기념 이벤트로 '역지사지 사인회'도 준비했습니다. 역지사지 사인회는 《커뮤력》을 통해 익힌 다섯 가지 의사소통 능력을 처음 만나는 사람들을 대상으로 실험해볼 수 있는 행사입니다. 책에 실린 바코드를 읽어 이벤트 일정표를 보고 책에 붙은 신청권으로 참가할 수 있습니다. 사인회는 다음과 같은 형식으로 진행됩니다.

· 이벤트 참여 인원은 30명 정도.

· 소요 시간은 2시간 정도.

· 한 사람과 30초씩 악수와 대화.

· 의사소통 능력을 참가자들이 서로 평가.

· 역지사지 사인회에서의 활동 모습을 어드바이저가 관찰.

· 사인회가 끝난 후 희망자에 한해 어드바이저의 조언을 들을 수 있음.

이상이 노기자과가 생각해낸 기획 내용입니다. '리본 사고'를 활용하면 독창성 넘치는 아이디어를 떠올릴 수 있고 그것을 상대방에게 전달하는 형식으로 정리할 수 있음을 이해했으리라 봅니다.

또한 리본 사고를 통해 진행하면 함께 만들어가는 힘, 즉 팀워크의 중요성을 깨달을 수 있습니다. 노기자과 역시 멤버 간 역할 분담이 잘 이루어진 점이 큰 무기가 되어 프레젠테이션을 성공적으로 끝낼 수 있었다고 평가했습니다.

정리하는

생 힘 교

정보를 기발한 아이디어로 바꾸는
조사법 총망라

앞서 설명한 여러 조사 방법을 정리해서 소개합니다. 대표적인 활용 방법에 따라 나눈 것이므로 분류에 얽매이지 않도록 합니다. 목적에 따라 달리 사용하거나 새롭게 조합해 활용하길 권합니다.

데스크리서치

· 역사 분석

카테고리가 변화해온 역사를 조사해 정리한다. 변곡점의 계기에 주목하고 시대를 개념화함으로써 향후 변화의 방향성을 탐색한다.

· 용어 분석

카테고리에 관한 세계 각국의 사전적 정의나 관용구를 수집한다. 시나 소설 등에서 단어가 활용되는 방식이나 맥락을 수집해 영감을 얻는다. 최근에는 트위터와 같은 SNS의 논조 분석도 효과적이다.

· 비교 연구

주제에서 범위를 넓혀 관련된 주변 영역(접객 서비스 → 일류 호텔)이나 일견 관련이 없어 보이는 상이한 분야(골프 → 낚시)를 비교 연구함으로써 영감을 얻는다.

· 전문가 인터뷰

각 분야에 폭넓은 식견을 갖춘 잡지 편집자나 연구가 등의 전문가에게 자문을 받아 초기 관점을 확장시킨다.

· 원격 인터뷰

해외 거주자나 현지 상황을 잘 알고 있는 외국인과 인터뷰한다. 해외시장 파악이 중요한 주제의 조사에서 초기 관점을 도출하는 데 효과적인 방법이다. 이외에도 비교 연구를 위해 해외 상황에 대해 물어볼 수도 있다.

마케팅 리서치 온라인 커뮤니티MROC; Marketing Research Online Community

온라인에서 특정 주제에 관심을 가지고 있는 사람이나 브랜드 유저만을 모아 폐쇄형 온라인 커뮤니티를 구축한다. 커뮤니티를 통해 짧게는 한 달에서 길게는 일 년 동안 다양한 의제에 대해 토론하는 방법이다.

정량조사

· 설문 조사

정량조사의 대표적인 조사 방법으로 인사이트를 도출하기 위해서는 자유 응답 형식이 효과적이다. 설문 방식이나 질문 내용에 따라 의미 있는 발견을 할 수도 있다.

· 일기식 조사

대상자에게 사전에 작성한 질문지를 건네고 일정 기간 동안의 행동을 기록하게 한다. 온라인으로도 가능하다. 사진을 첨부하거나 나중에 직접 인터뷰한 것을 조합하면 더 효과적이다. 식사 기록이나 신제품 테스트 등에 다양하게 활용할 수 있다.

· **라이프 히스토리 / 감정 그래프**mood meter

대상자에게 인생을 되돌아보게 하거나 장기간에 걸친 감정 변화를 그래프화하게 한다. 가장 높거나 낮은 지점을 질문함으로써 대상자를 깊이 이해할 수 있다. 조사 주제에 대해 작성하는 경우도 있다.

· **시선 인식 / 뇌파 측정**

가게에서 제품을 선택할 때, 웹사이트나 TV 광고 등을 볼 때 시선이 어떻게 움직이는지eye tracking 혹은 뇌파가 어떻게 변하는지를 측정한다. 중요한 반응을 보이는 곳이나 못 보고 놓치는 부분 등이 명확하게 드러난다.

정성조사

· **심층면접**

대상자와 일대일 대화 형식으로 주제에 대한 실태 및 의견을 청취하는 기본적인 조사 방법이다. 보통은 회의실에서 인터뷰하는 경우가 많다. 한 명의 대상자와 인터뷰하는 시간이 길어 다른 대상자의 영향을 받기 어렵기 때문에 더 깊은 정보를 얻는 경우가 많다.

· **에스노그라피 리서치**

원래 사회학이나 문화인류학에서 사용하는 연구 방법으로 현장

조사를 통해 행동을 관찰하고 기록하는 방법을 비즈니스 영역에 응용한 것이다. 가설 발견을 목적으로 고객의 행동과 의식을 폭넓게 조사하는 방법이다.

· 비디오 에스노그라피

에스노그라피 조사 대상자의 행동을 비디오로 기록하고 나중에 꼼꼼히 분석한다. 현장에서 알지 못했던 것을 깨닫기도 한다. 대상자가 직접 촬영해오는 방법도 있다. 최근에는 스마트폰을 활용하기도 한다.

· 섀도잉shadowing

에스노그라피의 일종으로 사전에 모집한 대상자의 일상생활을 따라다니며 관찰한다. 기본적으로는 행동 관찰만 하지만 때때로 인터뷰를 하는 경우도 있다. 어떤 의도나 감정으로 그런 행동을 했는지를 조사자와 대상자가 함께 되돌아보는 것이 중요하다.

· 일일 동행 관찰 조사a day in the life

대상자의 하루를 동행하며 행동을 관찰한다. 조사할 주제에 관련하여 일어나는 사실과 가치관을 파악한다. 평일과 휴일을 나누면 효과적인 경우도 있다.

· **숙박 조사**

대상자에게 호텔 등의 숙박 시설에 머물도록 한다. 해당하는 카테고리의 행동을 재현하거나 제품을 사용하는 모습을 관찰한다.

· **집단심층면접**

마케팅 조사의 전통적인 방법으로 널리 사용되고 있다. 사용하는 브랜드나 인구통계학적 특성이 유사한 참가자들을 모집한 후 그룹당 여섯 명 정도로 나눈다. 사전에 검토할 점을 정하는 개별 인터뷰를 실시한 다음 훈련된 진행자의 주도하에 주제에 관한 인식 및 실태를 청취한다.

진행자와 참여자 간에 적절한 관계성을 구축하고 그룹 간 상승효과를 얻을 수 있다. 적극적인 발언 분위기가 형성된다면, 짧은 시간 안에 많은 정보를 얻을 수 있다. 그룹 간의 공통점과 차이점을 분석할 수도 있다.

다만 집단 동조 압력이나 허영심 등으로 인해 정확한 정보를 얻을 수 없는 경우나 개개인으로부터 얻은 정보의 폭이 얕고 시종일관 표면적인 의견만 제시하는 경우도 있다. 때문에 가설 검증이나 구체적인 아이디어에 대한 수용성 검증으로 활용하기에 적합하다.

· **크라우드 소싱co-creation 인풋**

사용자의 의견을 들으면서 워크숍을 진행하며 조사와 아웃풋 작성을 동시에 하는 방법이다. 북유럽을 중심으로 새로운 조사 모델로서 정착하기 시작했다.

· **불특정집단면접unfocus group interview**

주제에 초점을 맞추지 않은 그룹 인터뷰를 뜻한다. 대상이 되는 영역이나 카테고리를 관찰하기 위해 실시한다. 대상자가 서로 친구 사이라도 상관없다. 카페와 같은 편안한 장소에서 음료나 음식을 먹으면서 하면 효과적이다.

· **몰래 관찰 조사fly on the wall**

일정한 지점에 머무르며 벌어지는 일을 조사하는 방법으로 섀도잉과 대조적으로 대상자가 아닌 장소를 기점으로 관찰한다. 일정한 장소에서 벌어지는 행위를 조금 떨어진 곳에서 정점 관찰한다. 역, 광장, 쇼핑몰 등 사람이 많이 오가는 곳을 관찰하는 것이 효과적이다.

응용 조사

· **이미지 카드 정렬**

비주얼 이미지를 카드로 만들어 선택, 정렬, 배치 등을 하게 한다.

상품 등의 구체적인 형태를 나타내는 이미지를 비롯해 감정이나 신체적 감각을 탐색하는 추상적인 이미지 등을 목적에 맞게 사용한다.

· 회화법

감정이나 브랜드 이미지를 직감에 따라 자유롭게 그림으로 표현하게 한다. 그리고 인터뷰를 통해 그림의 의미를 언어화(표면화)한다.

· 투영법

회화법과 유사한 방법으로 감정이나 브랜드 이미지를 블록이나 점토 등을 이용해 만들게 하거나 이미지에 어울리는 폰트를 고르게 한다. 직감에 따라 만든 것을 인터뷰를 통해 의식을 표면화한다.

· 스토리텔링

대상 상품이나 주제를 인격화해 이야기를 만들게 함으로써 심층의식을 탐색하는 방법이다. 상품과 대상자의 관계성이나 경쟁 상대와의 차이를 명확하게 하는 데 효과적이다.

· 역할 바꾸기role change

사용자의 마음을 이해하기 위해 고객의 역할을 연기해보고 그로부터 영감을 얻는 방법이다.

CONCEPT

CLASS 3

콘셉트

아이디어의 기둥을 세우다

리본 사고의 프로세스

새로운 것을 만들어내는 과정은
매력적인 요리를 만드는 과정과 유사하다.

재료

양질의
Input

조리

최적의
Concept

플레이팅

매력적인
Output

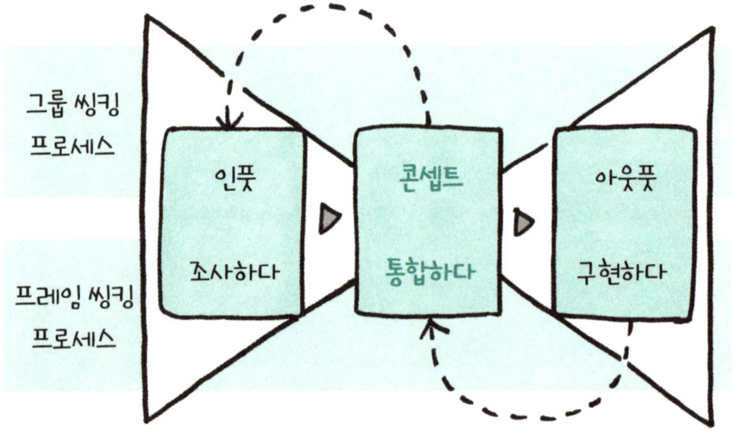

콘셉트를 만드는 과정도 창의적으로

콘셉트는 생각하는 행위의 핵심으로, 요리에 비유하자면 조리에 해당합니다. 조리는 재료를 썰고 끓이고 굽는 과정으로 재료가 가진 최상의 맛을 살리는 것이 목적입니다.

재료를 어떻게 조리할지는 자유입니다. 콘셉트를 만드는 것도 정해진 순서가 없습니다. 이는 곧 콘셉트를 만드는 과정 또한 독창적이어야 함을 뜻합니다. 머리로만 생각하는 것이 아니라 그리거나 글로 써보는 등 여러 시도를 해보아야 합니다. 그것이 기발한 콘셉트를 만드는 포인트입니다.

콘셉트란
무엇일까?

콘셉트란 단어는 다양한 영역에서 폭넓은 의미로 사용되고 있습니다. '사물의 본질' '구현하고자 하는 포괄적인 이미지' '전체를 관통하는 기본적인 개념' '하나의 구조화된 개념' '가슴 뛰게 하는 비전' '무엇을 말할 것인가What to say?' 등입니다.

콘셉트 만드는 과정을 설명하기 전에 먼저, 사전에 나온 '콘셉트'의 정의를 살펴보겠습니다.

1. 개념. 관념.
2. 창조된 작품이나 상품의 전체를 가로지르는 골격이 되는 발상이나 관점.

일반적으로 첫 번째 의미로 사용되는 경우가 많지만 새로운 것을 생각해낼 때에는 두 번째 의미로 사용됩니다.

콘셉트concept는 라틴어의 'con-(완전히)'과 'capere(잡다)'에서 유래되었습니다. 표면적이고 변화하기 쉬운 개개의 사물과는 달리 '완전하게 파악된 본질성과 보편성이 있는 것'이라는 의미가 있습니다.

즉, 콘셉트란 핵심 주제에 해당하는 것입니다. 여기서는 그런 의미를 바탕으로 이야기를 전개하고자 합니다.

이 영화는 우주판 〈죠스〉야!

콘셉트를 중요하게 여기는 이유는 팀원과 아이디어를 공유함으로써 아웃풋을 만드는 원동력이 되기 때문입니다. 콘셉트의 역할은 다음의 두 가지입니다.

- 조사한 발견이나 깨달음(인풋)의 본질이 무엇인지를 몇 마디 단어나 이미지로 표현해 결과물(아웃풋)의 방향성을 뚜렷이 제시할 수 있다.
- 새로운 발견이나 깨달음과 그로부터 탄생한 아이디어(아웃풋) 사이의 과정으로 상상력을 발휘할 수 있도록 돕는다.

콘셉트를 이해하기 쉽게 바꾸면 '한마디로 정의하면 무엇인가?'입니다.

실제 사례를 살펴보면서 콘셉트의 역할에 대해 설명하겠습니다.

스타벅스의 'Third Place'

미국 시애틀에서 시작한 스타벅스는 집도 아니고 직장도 아닌 '제삼의 공간Third Place'이라는 유명한 콘셉트를 내세웠습니다.

스타벅스가 '커피숍'이라고 콘셉트를 정의했다면 고객이 매장에 머무는 시간을 단축시켜 회전율을 높이고 커피에 특화된 전략을 취했을지 모릅니다. 그러나 커피숍이 아닌 '제삼의 장소'라는 콘셉트를 세운 결과 다른 가게에는 없는 아웃풋을 실현시켰습니다.

"우리는 고객에게 편안함을 제공한다. 그러므로 안정감 있는 인테리어를 한다. 상품 단가가 높아지더라도 고객에게 그만큼의 여유로움을 서비스한다. 커피 이외에 다양한 메뉴를 선보인다. 스태프와 고객의 관계를 중요시한다."

매우 뛰어난 콘셉트의 예라고 할 수 있습니다.

영화 〈에이리언〉은 우주선을 무대로 한 〈죠스〉

1979년에 상영된 영화 〈에이리언〉의 제작에 얽힌 이야기로부터 콘셉트의 중요성을 생각해봅시다.

〈에이리언〉은 외계 생명체가 등장하는 공포 영화입니다. 우주를 무대로 주인공이 가공의 생명체와 대적하는 내용인데, 제작 스태프들이 저마다 생각하는 영화의 이미지가 달라 처음에는 세계관을 공유하기가 힘들었습니다. 생각다 못한 감독이 스태프들에게 다음과 같은 콘셉트를 전했습니다.

"이 영화는 우주선을 무대로 한 〈죠스〉야!"

〈죠스〉는 거대한 백상아리가 인간을 습격하는 스릴러 영화로 1975년에 상영되어 스티븐 스필버그 감독의 이름을 전 세계에 알린 명작입니다. 당연히 당시에도 너무나 유명한 영화였습니다. 그리고 '우주판 〈죠스〉'라는 콘셉트 덕분에 스태프들은 〈에이리언〉의 세계관을 공유할 수 있었습니다.

이러한 에피소드를 통해서도 알 수 있듯이 새로운 것을 만들기 위한 콘셉트는, 단순히 사실을 정리하는 것이 아니라 이후에 나아가야 할 새로운 방향성을 가리키는 것입니다.

왜 비슷한 상품으로 가득할까?

세상에는 해결책에 해당하는 아이디어가 더 이상 확장되지 못해서 최종 아웃풋이 동질화된 상품을 흔히 볼 수 있습니다. 이와 같은 일은 앞서 설명한 사례 연구를 잘못 해석했을 경우는 물론, 명확한 콘셉트를 정하지 않은 채 아이디어 개발을 진행한 경우에도 일어나기 쉽습니다. 콘셉트가 없으면 과제에 일대일로 대응하는 해결책이 나옵니다. 그러나 경쟁사도 대부분 동일한 과제를 안고 있기 때문에 해결책 또한 비슷해지기 십상입니다.

반면 콘셉트가 차별화되면 타사와 다른 아웃풋이 나올 뿐 아니라 그 해결책은 한 단계 더 발전된 것일 가능성이 높습니다. 당연히 최종 아웃풋이 동질화될 가능성 역시 낮아집니다.

도시 계획을 예로 들어 생각해봅시다. 만약 과제를 일대일로 해결하려고 한다면 다음과 같이 진행됩니다.

- 지역 특산품이 없다. → 찐빵을 특산품으로 만든다.
- 지역 PR을 위한 얼굴이 없다. → 지역을 상징하는 캐릭터를 도입한다.
- 기업이 유치되지 않는다. → 세제 혜택으로 기업을 유치한다.

개개의 활동으로 지역 과제를 해결하는 일이 나쁘다는 의미가 아닙니다. 다른 도시도 유사한 대처를 하기 때문에 전국 어디를 가더라도 비슷한 도시가 많을 것이라는 점을 이야기하는 겁니다.

그렇다면 '세계에서 새로운 스타트가 가장 많은 도시'라는 콘셉트를 세우면 어떨까요? 같은 기업 유치라도 스타트업 기업에 중점을 둔 시책이 가능합니다. 특산품 또한 새로운 것이 더 중요해지기 때문에 독창성 넘치는 상품을 만들 수 있습니다. 지역의 상징으로서 새로운 출발을 위한 미래 센터와 같은 시설을 설립할 수도 있습니다.

이것은 전 세계에서 주목받고 있는 미야기현宮城県의 실제 콘셉트와 활동 사례입니다. 세계적으로도 도시 계획에 성공한 사례들을 보면 모두 콘셉트가 독특합니다. 콘셉트가 명확하면 아이디어도 그에 따라 더 크게 발전하므로 같은 과제라 할지라도 다른 아이디어와 동질화하기 어렵습니다.

콘셉트와 아이디어의 관계

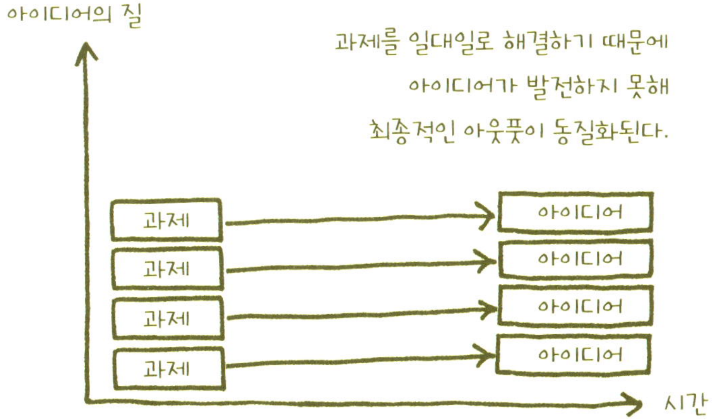

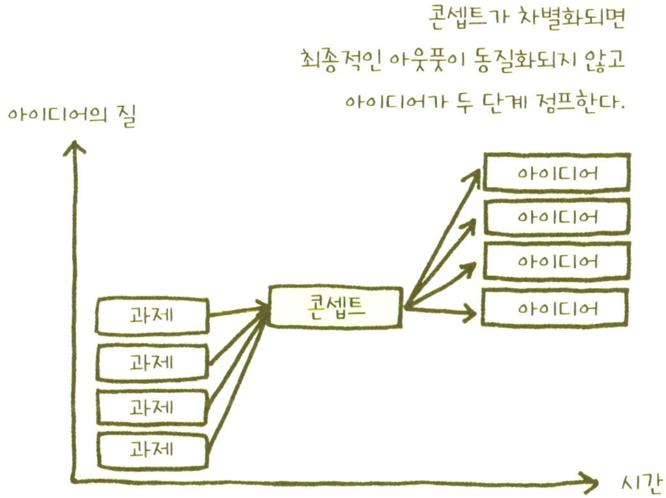

뛰어난 콘셉트의 조건, 3K

뛰어난 콘셉트란 3K를 겸비한 것입니다. 3K란 공유력, 기대력, 기점력을 뜻하며, 자세한 내용은 다음과 같습니다.

공유력 하고 싶은 말이 알기 쉽고 명확할 것. 나아갈 방향이나 최종 목표를 기억하기 쉽도록 이미지화하면, 관계자와 공유할 수 있는 힘이 커진다.

기대력 관계자나 사용자에게 콘셉트를 통해 놀라움이나 기대감을 갖게 하는 힘이다.

기점력 활동이나 아이디어의 기점이 된다. 콘셉트를 듣기만 해도 상품, 서비스, 커뮤니케이션 등 다양한 영역의 아이디어를 샘솟게 하는 힘이다.

공유력은 상품이나 서비스의 방향성을 가리키는 매우 중요한 힘입니다. 콘셉트가 공유력이 강하면 판단을 망설이는 관계자가 있더라도 그가 어떤 점에 확신을 갖지 못하는지 확인할 수 있습니다.

기대력은 사람을 움직이는 중요한 힘입니다. 저는 '발상을 멈추게 하는 말'과 '발상을 샘솟게 하는 말'이라는 표현을 자주 사용합니다. 멋진 말로 정리되어 있지만 발상이 신선하지 않아 사용자의 마음을 사로잡지 못하는 콘셉트가 있습니다. 반면 결코 멋진 말은 아니지만 사람들의 상상력을 확장시켜주거나 가슴을 설레게 하는 콘셉트도 있습니다. 둘의 큰 차이는 기대력의 차이라고 할 수 있습니다.

기점력은 아웃풋을 만들어내는 힘입니다. 기점력이 약한 콘셉트는 콘셉트 자체는 흥미롭더라도 무엇을 어떻게 하면 좋을지 몰라 제대로 된 아웃풋이 나오지 않습니다.

뛰어난 콘셉트는 공통적으로 3K를 갖추고 있지만 이 세 가지를 100퍼센트 충족시키는 콘셉트는 존재하지 않습니다. 애당초 100퍼센트에 해당하는 기준이 없습니다. 또한 공유력과 기대력처럼 하나를 높이면 다른 쪽이 떨어지는 트레이드오프trade-off의 관계에 있기도 하므로 모든 조건을 충족시키기는 힘듭니다. 이유 없이 가슴 뛰게 하는 콘셉트는 기대력이 높은 반면, 공유력은 낮습니다. 기대력이 예상외의 것이라면 공유력은 보편적인 것, 혹은 이해하기 쉬운 것에 해당하기 때문입니다.

또한 콘셉트의 평가는 개인적인 경험에 근거합니다. 평가하는 사람이 이미 체험했거나 들은 적이 있는 콘셉트라면 공유력이 높아지고, 평가하는 사람이 콘셉트에 관심이 없다면 기대력이 낮아질 가능성이 있습니다. 그러므로 콘셉트를 평가할 때는 어쩔 수 없이 주관적인 판단을 내립니다. 개인의 주관에 너무 의존하지 않기 위해서는 콘셉트를 평가하는 단계에서 집단의 주관, 즉 '자신 이외의 사람들이 얼마나 3K를 느끼는 콘셉트인지'를 고려할 필요가 있습니다.

긍정적 관점과 부정적 관점

강조하지만 콘셉트를 만드는 데 있어 '정답'은 없습니다. 다만 '인풋한 데이터를 어떻게 조리해 콘셉트에 접근할 것인가?'에 대해서는 생각해볼 수 있습니다.

콘셉트를 도출할 때의 기본적인 방법에는 다음의 네 가지 대표적인 패턴이 있습니다.

- 긍정적 접근 장점이나 매력을 높여주는 방법.
- 부정적 접근 단점이나 결점을 보완하거나 없애는 방법.
- 갭 접근 무언가와의 갭(차이)을 메우는 방법.
- 비전 접근 자신의 목표에 가까워지는 방법.

네 가지 접근법의 차이에 대해 다음의 질문을 바탕으로 설명하겠습니다.

이과인 A군은 무엇을 먼저 공부하면 좋을지 여러분에게 상담을 요청했습니다.

다음 과목 중 어떤 과목을 고르면 좋을까요?

① 화학 ② 우주공학 ③ 생물학 ④ 물리학 ⑤ 지구과학

긍정적인 접근은 강점이나 매력을 더욱 높여주는 접근법입니다. 그러므로 A군이 지구과학을 잘한다면 지구과학을 선택해 실력을 더욱 향상시키라는 조언이 이 사고법에 해당합니다.

부정적인 접근은 그 반대입니다. A군이 못하는 과목이 화학이라고 가정하면 가장 못하는 과목부터 성적을 올려야 한다는 방법론입니다.

갭 접근은 목표로 하는 대상과 비교해 그 차이를 메우는 방법입니다. 무엇을 비교 대상으로 할지에 따라 여러 갭이 있겠지만 대표적인 것이 경쟁 상대와 비교하는 것입니다. 예를 들어 라이벌인 B군이 물리를 잘해 그 과목의 성적만 크게 차이가 난다면 먼저 물리 성적을 올려야 한다는 사고법입니다.

비교 대상이 라이벌만 있는 것은 아닙니다. 예를 들면 사회적 니즈로서 바이오 비즈니스가 가까운 미래에 급격하게 확대될 전망이지만 생물학에 정통한 인재가 부족한 상황이라고 가정합시다. 이러한 외부 환경과 비교해 부족한 영역을 향상시킨다는 갭 접근도 있습니다.

마지막은 비전 접근입니다. 이것은 자신의 목표나 비전을 바탕으로 판단하는 사고법입니다. 만약 A군이 현재 성적과는 별개로 별과 우주에 대한 관심이 많아 장차 미국항공우주국NASA에서 일하고 싶다는 꿈이 있다고 가정하면 우주공학을 선택해야 한다는 접근법입니다. 이 경우에는 다른 사람과 비교하거나 자신이 잘하고 못하고는 그다지 관계가 없습니다. 호불호만으로 콘셉트를 도출하는 방법입니다.

어떤 방향으로든 자신이 처한 상황이나 판단에 따라 네 가지 패턴 중 하나를 선택할 수 있습니다.

다시 말하지만 콘셉트 만들기에 '정답'은 없습니다. 하지만 다양한 접근법을 알아두면 사고의 폭을 넓히는 데 유리합니다. 긍정, 부정, 갭, 비전 등 네 가지 접근법을 동시에 검토하는 편이 콘셉트의 폭이 넓어지기 때문입니다. 접근법을 검토할 때 개인의 기호, 잘하고 못함, 라이벌의 동향 등 배경이 되는 인풋 정보(양과 질)가 많으면 많을수록 판단의 정확도가 높아지기 때문에 콘셉트를 생각함에 있어서도 인풋은 중요합니다.

네 가지 접근법 중에 가치의 우위나 옳고 그름을 따질 수 없습니다. 하지만 부정적 접근과 갭 접근은 비교적 동질화를 초래하기 쉬운 방법임을 기억해두기 바랍니다. 일반적으로 잘 못하는 것이나 다른 것과 비교하여 떨어지는 점이 먼저 눈에 들어오기 마련입니

전략 접근법의 네 가지 패턴

	차별성과의 적합도
① 긍정적 접근	◎
② 부정적 접근	△
③ 갭 접근	
└ 경쟁 상대와의 갭	△
└ 시장 니즈와의 갭	○
④ 비전 접근	◎

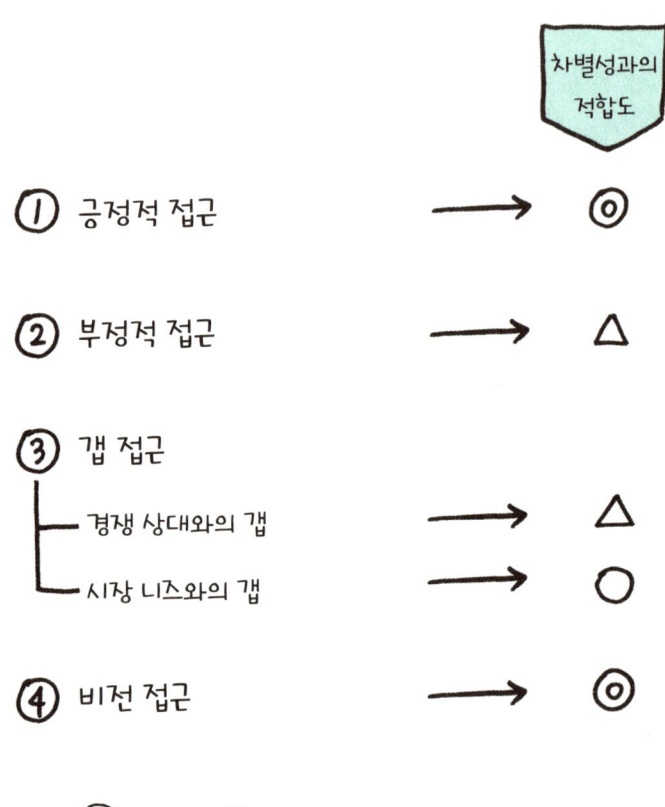

다. 비즈니스 현장에서도 부정적 접근이나 갭 접근이 주류를 이룹니다. 하지만 이 방법론으로만 접근하면 다른 회사와 차별점이 없어질 가능성이 있기 때문에 다른 회사나 경쟁사와 차별화를 꾀하기 위해서는 긍정적 접근이나 비전 접근 쪽이 더 적합하다고 할 수 있습니다. 독특한 사고법을 우선시한다면 긍정적 접근이나 비전 접근으로 생각해보세요.

효율보다 효과를 최대화하자

전략 접근법을 포함해 콘셉트를 만드는 과정을 통합화synthesis라고 합니다. 수집한 방대한 양의 정보(인풋)를 재통합해 하나의 콘셉트로 승화, 집약하는 과정이라는 의미입니다. 악기인 신시사이저도 동일한 어원입니다.

원래 비즈니스 컨설턴트 사이에서는 '프레임워크'라는 사고 툴이 널리 활용되고 있습니다. 하지만 프레임워크만으로는 지금까지 없던 관점을 발견하거나 새로운 것을 탄생시키기 어렵다는 단점이 제기되었습니다.

그 때문에 유연하고 자유롭게 발상하는 디자이너의 사고법, 즉 통합화 과정이 도입된 것입니다. 이것이 4교시 말미(201쪽)에 설명되어 있는 '디자인 사고'라는 개념입니다. 비즈니스 컨설턴트의 기본적인 사고방식을 구어체 표현을 써서 알기 쉽게 설명하면 다음과 같습니다.

"이 차트를 보세요. 우리 회사에서 발명한 프레임워크를 활용해 분석하면 사업 구조는 이런 식으로 되어 있고 이 부분이 성장을 저해하는 요소입니다."

이에 비해 디자이너는 이렇게 생각할 것입니다.

"다른 사람들도 사용하는 분석 프레임워크는 새로운 상품을 디자인할 때 전혀 도움이 되지 않아! 매번 새로운 디자인을 생각해내는 게 중요해."

빠르고 효율적인 분석이 필요할 때 프레임워크는 편리합니다. 다수의 분석 프레임을 알고 있다는 것은 다양한 사고법을 아는 것과 같습니다.

그러나 재현성이 있는 프레임워크는 효율은 좋지만 효과가 높다고 할 수 없습니다. 이미 정해져 있는 프레임에서 도출된 콘셉트나 방법론은 누구나 일정 수순을 밟으면 쉽게 모방할 수 있습니다. 그래서 프레임화가 가능한 것은 동질화를 낳을 뿐 아니라 머지않아 인공지능에 의해 자동화될 가능성마저 숨어 있는 것입니다. 기존 프레임워크를 사용해서는 새로운 아이디어나 사고를 창출하기는 어렵습니다.

참고로 취업 포털사이트인 엔재팬Enjapan이 실시한 설문 조사에서 '인공지능에 의해 대체되지 않을 것 같은 업무는?'이라는 질문에 '상대의 의도를 헤아려 임기응변으로 대응할 필요가 있는 업무' '새로운 사업이나 서비스를 기획하는 업무' '다른 사람과 의사소통을 하면서 진행하는 업무'라는 응답이 상위를 차지한 것처럼 앞으로는 프레임화되기 힘든 업무가 더욱 요구될 것입니다.

콘셉트 작업은 사고 중심의 과정이어야지 프레임 안에 갇혀선 안 됩니다. 상품이나 목표에 따라 매번 커스터마이즈해 새로운 프레임을 만드는 행위라고 생각하는 편이 좋습니다.

좋은 콘셉트에 대한 정의가 모호한 만큼 콘셉트의 목적을 설정하기 어렵다는 측면이 분명히 있습니다. 또한 호불호의 판단이 개인의 경험에 근거하는 부분이 많아 일률적이지 않은 것도 사실입니다. 그렇기 때문에 콘셉트에 대한 내적 기준이 필요합니다. 일례로 다음과 같습니다.

- 우리가 하고 싶은 것은 최적화가 아니라 창조다.
- 효율보다 효과를 최대화한다.
- 한계에 빠지기 쉬운 프레임을 안일하게 사용하지 않는다.
- AI 기술이 발전되더라도 인간만이 할 수 있는 사고가 무엇인지 끊임없이 묻는다.

좋은 콘셉트를 도출하기 위해서는 기회 영역을 발견할 수 있는 프레임을 창조해야 합니다. 그것을 통해 콘셉트를 발견하는 일, 즉 기존의 틀이 아니라 틀 자체를 새롭게 창조하는 것이 중요합니다. 바꿔 말하면 콘셉트 단계에서 기존 프레임에 생각을 맞추는 것이 아니라 '어떻게 사고할지를 생각하는' 행위가 매우 중요한 것입니다.

사고의 보조선을 넘어 관점을 발견한다

좋은 콘셉트란 프레임 자체를 창조하는 것이라는 대전제를 이해했으리라 봅니다. 다음으로 생각해야 할 것은 기본적으로 어떤 관점에서 사고를 정리할지를 파악하는 것입니다. 흔히 사용하는 세 가지를 알아봅시다.

축으로 잘라 정리 중요한 대립 관념으로 축을 자르고 발견을 표시한다. 비교적 흔히 볼 수 있는 것이 'X축 = 사회적 / 개인적' 'Y축 = 일상적 / 비일상적'과 같이 네 영역으로 잘라 정리하는 관점이다.

시간 순으로 정리 이용하는 사람의 관점에서 시간 순으로 정리하는 것도 효과적이다.

인과관계도로 정리 무엇이 어떻게 영향을 주고받느냐의 관점으로 정리한다.

축을 잘라 정리

중요한 대립 관념으로 축을 자르고 발견을 표시한다.

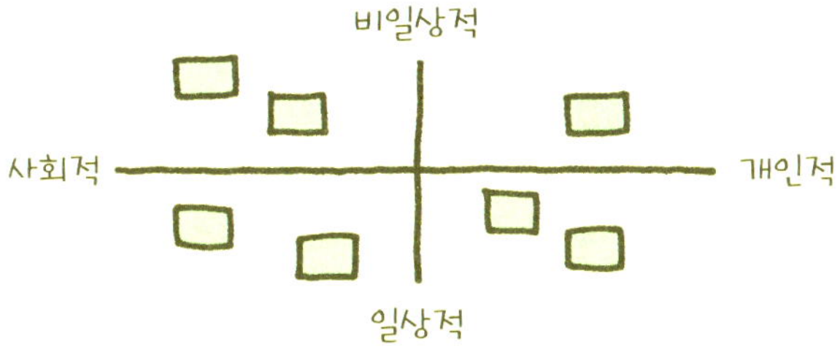

시간 순으로 정리

이용하는 사람의 관점에서 시간 순으로 정리한다.

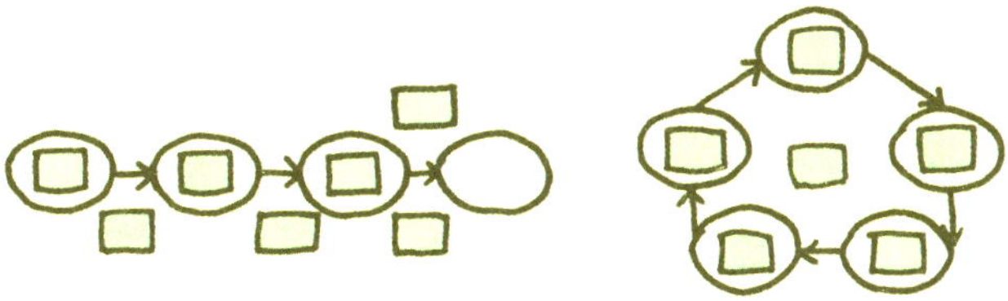

인과관계도로 정리

무엇이 어떻게 영향을 주고받느냐의 관점으로 정리한다.

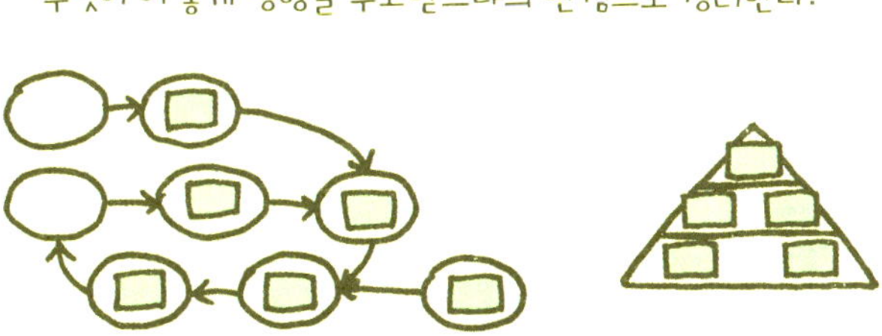

여기에서 중요한 포인트는 각각 별개의 정리법으로 판단하지 말고 여러 가지 방법으로 서로 조합해서 사용하며 시행착오를 겪어보는 것입니다. 축을 두 개가 아니라 세 개로 세분화하거나 시간 순으로 정리한 것을 인과관계도로 다시 정리해봅니다. '더 잘 설명할 수 있는 정리법은 없을까?' '더 큰 깨달음을 얻을 수 있는 정리법은 없을까?'를 생각하며 한 번 정리한 요소를 다양한 관점에서 독창적으로 정리해보는 것이 중요합니다.

프레임을 창조하는 네 가지 사고 모드

기존의 틀이 아니라 틀 자체를 창조하기 위해서는 머리에 땀나도록 생각하는 수밖에 없습니다.

여기서 잠깐 멈추어 생각해보세요. '생각한다'는 것은 도대체 어떤 행위일까요?

예전에 '생각한다는 것은 무엇인가'라는 주제의 색다른 조사를 한 적이 있습니다. 직장인을 대상으로 '생각한다'는 행위를 할 때 자신의 머릿속에서 일어난 일을 관찰하고, 그와 가까운 비주얼을 수집해 분석하는 조사였습니다.

격자 모양의 것, 규칙성, 직선, 혼돈, 불연속, 소용돌이치는 형상, 하늘에서 본 것, 먼 곳에서 본 것, 깊은 구멍, 고통, 조합 등이 언급되었습니다. 이런 비주얼들을 정리, 분석해보니 재미있게도 수집된 다양한 시각 자료 중에서 공통점을 발견할 수 있었습니다. 우리가 평소에 '생각한다'고 말하는 행위는 다음의 네 가지 사고 모드의 조합이라는 사실 말입니다.

조감하다 사물을 객관적으로 파악한다. 되도록 시야를 넓히고 잠시 멈추어 서서 사물을 둘러싼 상황을 조감한다.

분류하다 어지럽게 섞여 있는 사물을 분류하고 정리함으로써 단순화해 이해를 깊게 한다.

파고들다 사물의 배경에 있는 것이나 근원적인 부분을 깊이 생각해 진실을 추구한다.

혼합하다 관계가 없어 보이는 것끼리 조합하거나 과거의 기억이나 새로운 정보 등과 조합한다.

생각한다는 행위, 즉 사고 모드를 조합하는 방법과 순서가 다양하다는 사실도 알았습니다. '조감한다 → 분류한다 → 파고든다 → 혼합한다'는 순서로 생각할 수도 있고 '파고든다 → 혼합한다 → 조감한다'의 순서로 생각하는 경우도 있습니다. 사람에 따라 사고하는 방법과 순서에도 습관이나 기호가 있었습니다.

네 가지 사고 모드는 무언가를 생각할 때 강력한 툴이 됩니다. 겨우 네 가지 종류냐고 여길 수 있지만 이것을 자유롭게 조합함으로써 사고에 많은 변화를 줄 수 있습니다. 그런 만큼 사고 모드의 조합에 정해진 순서가 있는 것은 아니지만, 자신이 지금 어떤 모드로 생각

네 가지 사고 모드

사고 1 : 조감하다

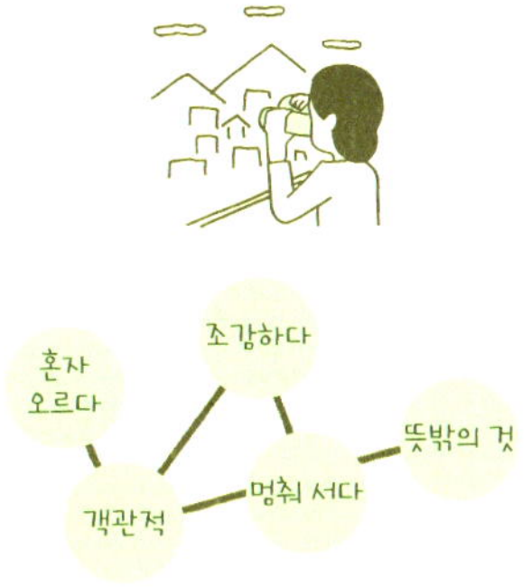

사물을 객관적으로 파악한다. 잠시 멈추어 서서 사물을 둘러싼 상황을 상대적으로 조감함으로써 뜻밖의 것을 발견한다.

사고 2 : 분류하다

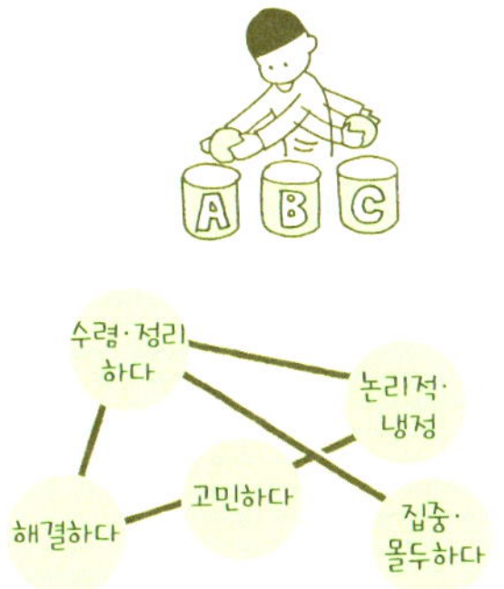

복잡하게 보이는 것을 냉정하게 정리하고 상황을 간략화한다. 해결을 위해 집중 · 몰두한다.

사고 3 : 파고들다

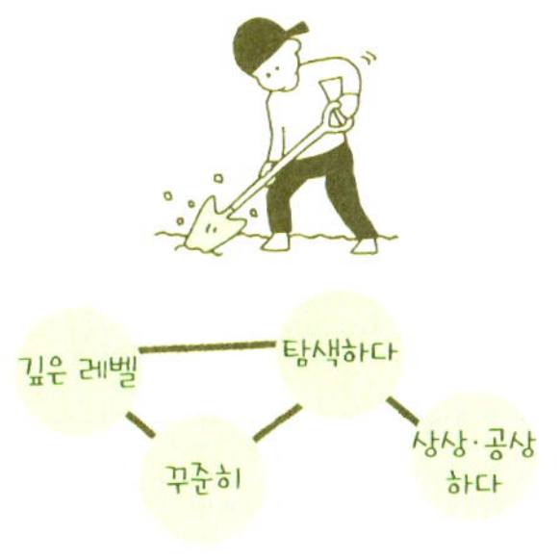

사물의 배경에 있는 것이나 근원적인 부분을 깊이 생각하고 상상력을 발휘한다. 때로는 땀 흘리며 진실을 추구한다.

사고 4 : 혼합하다

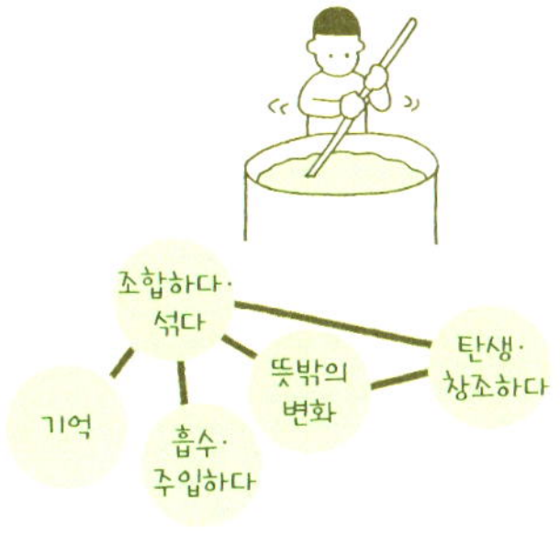

일견 관계가 없어 보이는 것끼리 조합하거나 과거의 기억이나 새로운 정보 등을 조합함으로써 뜻밖의 변화가 발생하고 새로운 것이 창조된다.

하고 있는지 의식하는 연습이 필요합니다.

네 가지 사고 모드를 의식하고 있으면 자신이 사고하는 습관을 객관적으로 체크할 수 있습니다. 파고드는 것은 잘하지만 조감하는 것은 못한다든지, 조감과 분류는 해봤지만 혼합하거나 파고드는 것은 해보지 않았다든지 파악함으로써 생각을 확장시킬 수 있습니다. 또한 파고드는 것은 A씨가 잘하고 혼합하는 것은 B씨가 잘한다는 식으로 팀에서 역할 분담을 할 때 지표가 될 수도 있습니다.

네 가지 사고 모드를 잘 활용하기 위해 각각의 사고 모드를 자세히 살펴봅시다.

숨은 경쟁 상대를 찾아라

조감은 새가 높은 하늘에서 아래를 내려다보는 것처럼 한눈에 전체를 살핀다는 의미입니다. 높은 곳에서 보기 때문에 지금까지 보지 못했던 상황이나 경쟁 상대가 보이기 시작합니다.

특히 숨은 경쟁 상대, 미래의 경쟁 상대를 발견하고 사고의 넓이를 확장시킬 가능성이 있습니다.

예를 들면 새로운 철도를 건설하고자 할 때 경쟁 상대로 무엇이 떠오르나요? 바로 생각나는 것은 교통수단인 차(버스)와 비행기일 것입니다. 하지만 최근에는 호화로운 크루즈 관광에 대한 인기가 높아지고 있기 때문에 유람선도 경쟁 상대가 됩니다. 더 나아가 식당차에서 음식을 즐긴다는 관점에서 생각하면 어떨까요? 레스토랑도 경쟁 상대라고 할 수 있습니다.

이와 마찬가지로 지금은 디지털카메라의 경쟁 상대가 스마트폰이지만 기록성이 높은 스마트워치나 스마트글라스가 미래의 경쟁

숨은 경쟁 상대를 찾아라!

대상물의 숨은 경쟁 상대(대체품)가 될 수 있는 것을 가급적 많이 써보자.

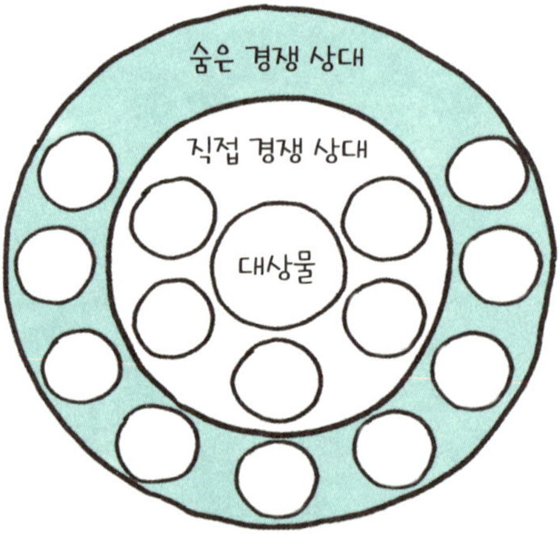

고양이의 경쟁 상대

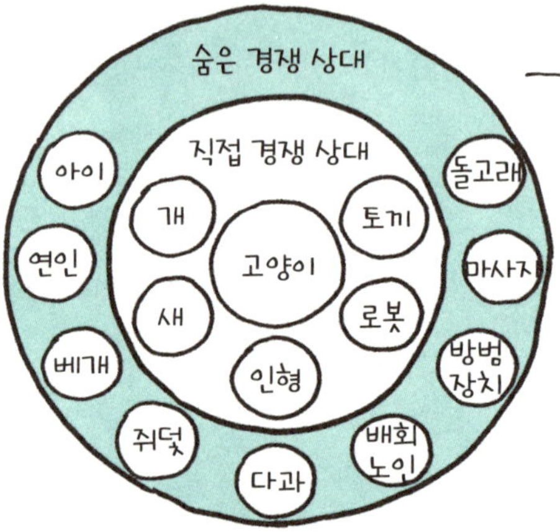

상대가 될 가능성도 높습니다.

조감 모드는 시점을 높여서 콘셉트의 가능성을 횡적으로 넓히는 사고 모드입니다. 기존의 틀 밖에 새로운 가능성이 없는지 큰 관점에서 생각해보세요.

나눌수록
차이가 보인다

분류한다는 것과 안다는 것은 통하는 데가 있습니다. 분류 방법을 이것저것 궁리하는 것만으로도 새로운 발견을 할 수 있습니다.

디지털카메라를 예로 들어봅시다. 디지털카메라를 두 가지 종류로 나눈다면 어떤 기준이 있을까요? '고기능 / 저기능' '콤팩트 / 일안' '일반용 / 업무용' '저가 / 고가' 등 다양하게 분류할 수 있습니다.

이러한 분류 기준을 하나의 축으로 하면 두 축으로 나눌 때는 2×2의 4가지 타입, 세 개의 축으로 나눌 때는 2×2×2의 8가지 타입으로 정리할 수 있습니다. 여러 축을 사용해 세밀하게 분류하려면 대상물을 더 깊이 있게 생각해야 합니다.

비즈니스에서는 동일한 니즈나 성질을 갖는 덩어리를 '세그먼트segment'라고 하는데 여러 종류의 축을 조합함으로써 세그먼테이션segmentation이 가능해집니다. 일반적으로 다음의 특성을 기준으로 축을 만들어 분할할 수 있습니다.

세그먼테이션이란

여러 축의 조합으로부터 생기는 공간 → 세그먼트

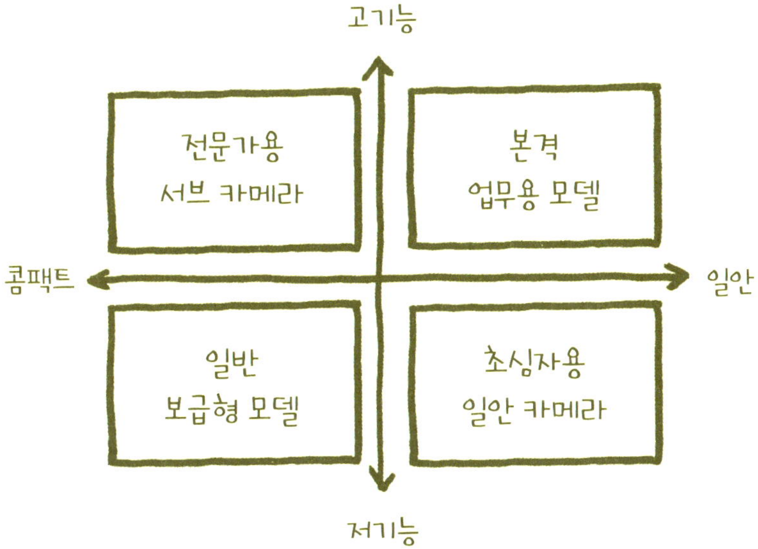

- **지리적 특성** 지역, 도시 규모, 나라 등.
- **인구통계학적 특성** 성별, 연령, 소득, 직업 등.
- **심리학적 특성** 가치관, 태도, 니즈, 의식, 성격 등.
- **행동적 특성** 인지, 이용 경험, 이용 빈도 등.

두 개의 축을 설정한 세그먼테이션에 기존의 상품이나 서비스를 배치하면 '포지셔닝 맵'이라는 도식을 그릴 수 있습니다. 포지셔닝 맵은 맵 상에서 공백 위치가 있는 축을 발견하는 것만으로도 콘셉트를 발견할 수 있기 때문에 편리합니다. 다만 일반적으로 흔히 사용하는 축으로 분류하면 사고 정지를 일으키는 프레임워크가 되기 쉽기 때문에 주의해야 합니다.

분류 모드는 세밀하게 나눔으로써 새로운 가능성을 탐색하는 모드입니다. 색다른 축이나 생각하지 못한 축의 조합을 찾음으로써 새로운 공백 영역(포지션)을 발견해봅시다.

'왜?'를 반복하면 왜 좋을까?

"그렇군! 거기에 그런 가치가 있었구나."

자기도 모르는 사이에 이런 말이 나오는 내면의 본질적 가치에 주목하는 사고 모드가 심층 모드입니다.

깊이 파고들기 위한 간단하면서도 효과적인 방법은 앞서도 언급했듯이 '왜?'를 반복하는 것입니다. 평화는 왜 지켜야 할까, 사람은 왜 배울까, 왜 선물을 살까, 왜 고양이를 기를까 등 '왜'를 물음으로써 사물에 대해 깊이 생각할 수 있습니다. 몇 번이고 질문을 반복하다 보면 자연스럽게 깊이 있는 정보를 얻을 수 있습니다.

마케팅 업계에서는 이러한 접근법을 '래더링laddering(잠재가치 연쇄법)'이라고 하는데 소비자의 머릿속에 있는 새로운 가치를 발견하고자 할 때 사용하는 방법 중 하나입니다. 상품이나 서비스가 갖는 가치를 깊이 파고듦으로써, 사다리를 타고 올라가듯 '속성·기능 가치' '정서 가치' '사회·생활 가치' 등 각 단계의 가치를 구조적으로 파악하

'왜'라는 질문!

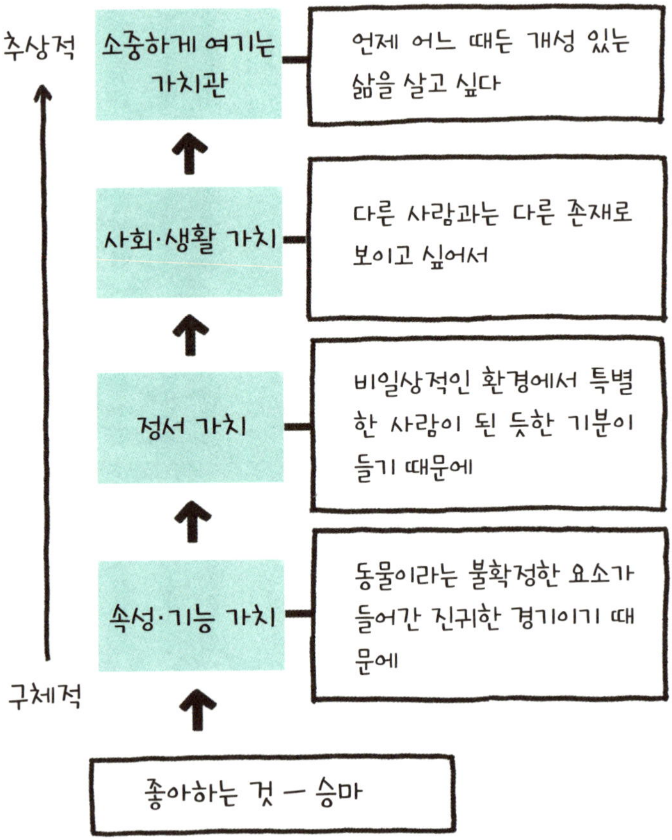

추상적
소중하게 여기는 가치관
언제 어느 때든 개성 있는 삶을 살고 싶다
사회·생활 가치
다른 사람과는 다른 존재로 보이고 싶어서
정서 가치
비일상적인 환경에서 특별한 사람이 된 듯한 기분이 들기 때문에
속성·기능 가치
동물이라는 불확정한 요소가 들어간 진귀한 경기이기 때문에
구체적
좋아하는 것 — 승마

는 방법입니다.

심층 모드는 콘셉트의 가능성을 종적으로 확장시키는 모드입니다. 인풋에서 발견한 깨달음을 더 깊게 파고들어봅시다.

관계가 없어도 혼합한다

아이디어란 기존 요소의 새로운 조합에 불과하다는 제임스 영의 말과 이노베이션의 원래 의미가 '신결합'이라는 것을 이미 언급한 바 있습니다. 다시 말해 새로운 혼합을 발견하는 것이 곧 새로운 아이디어라고 할 수 있습니다.

여기서 소개하는 혼합 모드는 의외의 조합으로 완전히 새로운 것을 창출하는 사고입니다. 특히 앞서 소개한 세 가지 사고 모드와 조합하면 보다 다채로운 생각을 할 수 있습니다. 분류한 것끼리 조합해보거나 파고든 것을 조합해보는 등 다양한 조합에 도전해보세요. 그것이 새로운 아이디어가 탄생하는 기초 과정입니다.

혼합은 발상 그 자체

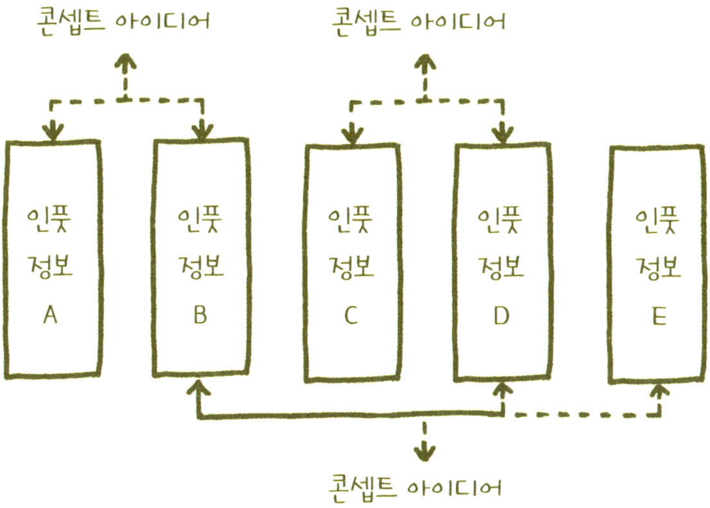

억지로라도 비슷한 부분을 찾자!

일견 관계가 없어 보이는 두 가지 사물의 공통점이나 유사점을 찾아보자.

사과	≒	원숭이

공통점 → 유사점			
	빨간 부분이 있다	나무를 좋아한다	목욕탕과 어울린다

골프	≒	부재중

공통점 → 유사점			
	주로 낮에 한다	야마토운수 (골프용품 택배 서비스)	아이들이 지루해한다

의류	≒	초밥

공통점 → 유사점			
	종류가 다양하다	돈이 든다	기계화가 진전되었다

풀	≒	신문지

공통점 → 유사점			
	살짝 냄새가 난다	섬유질	버려져도 아무도 신경 쓰지 않는다

※ 하는 방법

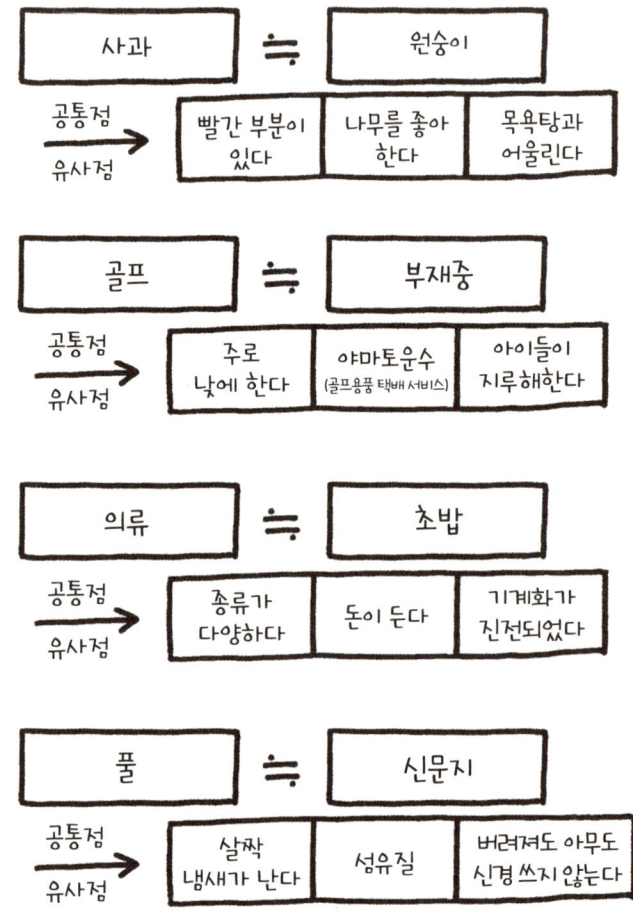

끝말잇기를 활용해 무작위로 단어를 나열한 다음 옆에 나란히 나열된 단어의 공통점을 기입한다.

콘셉트는
좁을수록 좋다

네 가지 사고 모드에 대해 이해했으리라 보고, 다시 콘셉트 이야기로 돌아갑시다.

여기서 유의해야 할 점은 콘셉트에 크고 작음이 있다는 것입니다. 콘셉트에도 작고 명확한 것부터 다양한 개념을 포함하는 큰 것까지 여러 종류가 있습니다.

예를 들면 '마쿠노우치 도시락'과 '슈마이 도시락'에 대해서 생각해봅시다. 만약 여러분이 기차역에서 판매하는 도시락을 출시한다면 어느 쪽을 선택하겠습니까? 어느 쪽이 고객층이 넓고 잘 팔릴 것 같나요?

단순하게 생각하면 오랫동안 사랑을 받아온 만큼, 도시락의 대명사가 된 마쿠노우치 도시락이 타깃이 넓어 잘 팔릴 것 같습니다. 하지만 실제로 일본에서 가장 많이 팔리는 도시락은, 중국식 만두인 샤오마이烧卖가 들어가 이름 붙여진 슈마이焼売 도시락이라고 합니다.

마쿠노우치 도시락과 슈마이 도시락

※ 마쿠노우치(幕の内) 도시락(왼쪽)은 원래 일본의 전통극인 가부키나 노의 막 사이에 스태프와 배우들이 먹던 도시락이 대중화된 것이다. 흰밥 위의 깨와 계란말이, 구운 생선, 어묵 등의 반찬이 들어간다. 슈마이(焼売) 도시락(오른쪽)의 슈마이는 얇은 만두피로 만든 중국 딤섬의 한 종류를 뜻한다. 기본적인 마쿠노우치 도시락에서 슈마이가 들어간 것이 특징으로, 특히 90년 가까운 역사가 있는 요코하마의 기요켄 슈마이 도시락이 가장 유명하다.

'도시락'이라는 넓은 범위의 콘셉트보다 '슈마이가 들어간 도시락'이라는 좁은 범위의 콘셉트가 훨씬 인식이 잘 되고 사랑받는다는 것입니다.

콘셉트란 이상하게도 압축하는 것이 존재감이 더 크고 판매에도 긍정적인 영향을 미칩니다. 폭넓고 느슨한 콘셉트는 언뜻 보기에는 포용력이 크고 좋아 보여도 실은 어중간한 70점에서 벗어나지 못해 관심을 끌지 못합니다.

콘셉트를 적절하게 압축하는 방법은 가지고 있는 자산이나 경쟁 환경 등의 상황에 따라 달라지겠지만, 생각 이상으로 압축해야 한다는 점을 기억해두기 바랍니다.

새로움에
심플함을 더하다

콘셉트는 아이디어 전체를 관통하는 골격이 되는 발상입니다. 뛰어난 콘셉트는 의외성과 납득성을 두루 갖추고 있습니다. 지금까지 없던 놀라움뿐 아니라 간단명료함도 가지고 있어야 합니다.

납득성과 의외성을 직접적으로 표현한 것이 '그러니까(-니까)'와 '그럼에도(-ㄴ데도)' 사고법입니다. 콘셉트를 생각할 때 편하게 활용할 수 있기 때문에 기억해두면 도움이 됩니다.

- ○○이니까 ××
- ○○인데도 △△

앞의 '○○'에는 카테고리나 사회적 기준을 넣고 뒤의 '××'에는 그에 따른 가치, '△△'에는 통념과 다른 이미지에 해당하는 기능이나 가치를 넣습니다. 예를 들면 다음과 같습니다.

일정 기간이 지나면 올린 사진이 자동 삭제되는 SNS의 콘셉트

· SNS이니까 사진을 올릴 수 있다.

· SNS인데도 사진이 자동 삭제된다.

심이 부러지지 않는 샤프의 콘셉트

· 샤프이니까 심을 바꿀 수 있다.

· 샤프인데도 심이 돌출되지 않는다.

장에 좋은 초콜릿의 콘셉트

· 초콜릿이니까 달고 맛있다.

· 초콜릿인데도 소화가 잘 된다.

세상의 매력적인 콘셉트를 이 프레임에 대입시켜보면 대부분 들어맞는다는 사실을 알 것입니다. 물론 이 프레임에 대입한다고 자동적으로 콘셉트가 나오는 것은 아니지만 콘셉트를 체크할 때 활용하면 편리합니다. 다음 문장을 늘 유념하세요.

"납득성이 없으면 이해하기 어렵고 의외성이 없으면 흥미가 생기지 않는다."

뛰어난 콘셉트의 특징

콘셉트는 기획 전체를 관통하는
골격이 되는 발상이나 관점.

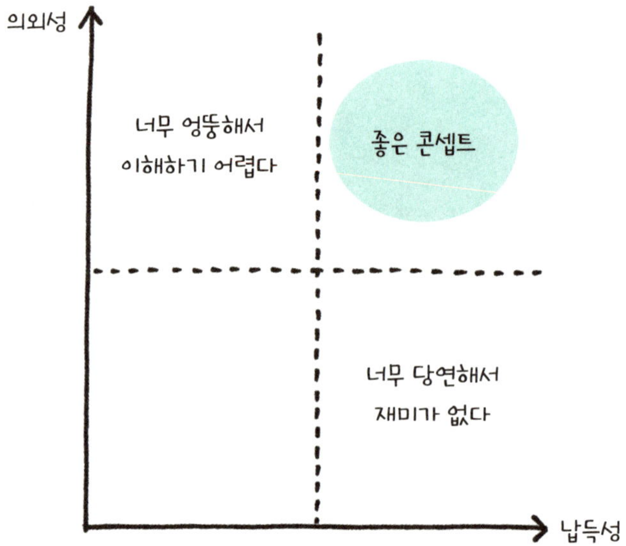

좋은 콘셉트는 납득성과 의외성을 두루 갖추고 있다.

콘셉트는 광고 카피가 아니다

학생들에게 콘셉트에 대해 생각하게 하면 그럴싸한 단어들을 나열하느라 말하고자 하는 바가 제대로 전달되지 않을 때가 있습니다. 콘셉트 카피는 광고 카피와는 다릅니다. 바로 다음 장에서 사례로 소개할 호텔 '렘'의 경우 '수면에 특화된 호텔'이 콘셉트 문구이고 '잠을 디자인하다'가 광고 카피입니다.

여기서 주의해야 할 점은 간결하고 아름다운 문구도 좋지만 이해하기 쉽게 전달되는가가 더 중요하다는 것입니다. 화려한 단어로 포장하려고 할수록 객관성을 잃고 전달력이 떨어질 수 있습니다. 콘셉트란 다른 사람과 공유함으로써 비로소 성립됩니다. 이해하기 쉬운 단어를 사용하는 것이 제일임을 잊지 않도록 합시다.

콘셉트는 꼭 글이 아니라도 좋습니다. 사진, 그림, 동영상, 소리 등을 이용해 표현해도 됩니다. 수업에서도 사진이나 그림 등의 시각 자료를 콜라주한 '콘셉트 보드'를 작성하기도 합니다.

콘셉트는 생각하는 행위의 정점입니다. 기존의 프레임을 그대로 활용하는 것이 아니라 새로운 프레임을 창조해낼 때 진정한 가치가 있습니다.

네 가지 사고 모드를 늘 의식하면서 콘셉트를 자유롭게 구상하십시오. 머리로만 생각하는 것이 아니라 손을 움직여 그림을 그리거나 글을 쓰는 등의 여러 시행착오를 겪으면서 지금까지 없던 콘셉트를 만들어봅시다.

브랜딩하는

생 힘 교

잠을 디자인하는 호텔, 렘

'수면에 특화된 호텔' 렘remm의 브랜딩은 제가 하쿠호도에서 맡은 일 중 하나였습니다. 직장인을 대상으로 기존의 호텔과는 다른 콘셉트의 호텔을 만들고 싶다는 클라이언트(한큐한신호텔)의 요청을 받고 다양한 인풋(정보 수집)을 했습니다.

호텔에 요구하는 사항은 사람에 따라 다릅니다. 맛있는 식사, 컴퓨터 작업이 가능한 환경, 큰 욕실, 바와 같은 부대시설 등 다양한 니즈에 맞추려고 하면 호텔의 규모는 점점 커지고, 가격은 올라갈 수밖에 없습니다.

정보를 수집하던 와중에 젊은 직장인을 중심으로 '편안하게 잠을 자고 싶다'는 의견을 들었습니다. 업무 관계로 호텔을 이용하다 보면, 업무에 지치고 식사마저도 고객과 해야 할 때가 많습니다. 그러니 제대로 쉴 수 있는 시간이란 고작 호텔 룸에 있을 때뿐이라는 것입니다. 그리고 호텔에 도착했을 때는 너무나 피곤해서 겨우 샤워만 하고 잔다는 의견이 많았습니다.

검증을 진행하자 출장비 범위 내의 가격대에 수면 만족도가 높은 호텔이 거의 없다는 사실을 알았습니다. 그렇게 해서 만들어진 콘셉트가 하나하나의 방을 객실이 아닌 '침실'로 생각하는 '수면에 특화된 호텔'이었습니다.

콘셉트를 설정하자 방향성이 정해져 '렘'이라는 수면을 연상시키는 네이밍을 시작으로 다음과 같은 아웃풋이 결정되었습니다.

- 수면에 제일 중요한 툴인 침대 매트리스는 자체적으로 개발한다.
- 쾌면과 휴식을 위한 욕실 용품을 준비한다.
- 상쾌한 아침을 위해 아침식사에 더욱 신경 쓴다.
- 욕조는 설치하지 않되 피곤을 풀어주는 레인샤워기를 설치한다.
- 바 등의 부대시설을 없앤다.

현재 렘은 잠을 디자인하는 호텔이라는 이미지를 내세워 아키하바라秋葉原, 히비야日比谷, 신오사카新大阪, 가고시마鹿兒島, 롯폰기六本木 등에 문을 열었으며 더욱 많은 지역에 세워질 예정입니다. 호텔 렘은 명확하고 알기 쉬운 콘셉트에 의해 독창성 높은 상품과 서비스가 탄생한 좋은 사례 중 하나입니다.

OUTPUT

CLASS 4

아웃풋

사람의 마음을 움직이는 아이디어를 만들다

리본 사고의 프로세스

새로운 것을 만들어내는 과정은
매력적인 요리를 만드는 과정과 유사하다.

재료

양질의
Input

조리

최적의
Concept

플레이팅

매력적인
Output

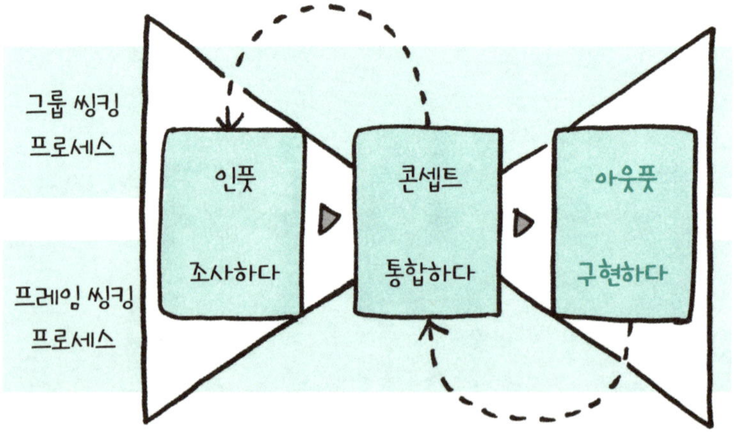

아이디어를 한 단계 더 발전시킨다

아웃풋을 요리 과정에 비유하자면 마지막으로 요리를 그릇에 담는 플레이팅plating에 해당합니다. 이 단계에서 소스를 뿌리거나 고명을 얹어 음식의 풍미를 더할 수 있고, 어떤 그릇에 어떻게 담아 보여줄지를 정해 시각화할 수 있습니다. 즉, 인풋(재료 수집)과 콘셉트(조리)에 의해 완성된 요리를 최종적인 형태로 빚어내는 과정입니다.

아웃풋 과정에서는 '사고의 폭을 넓혀서 구체화하는 작업'을 수행합니다. 압축된 콘셉트를 확장시켜 형상화하는 것입니다. 이때 단순히 넓히기만 하는 것이 아니라 사고를 한 단계 도약시키는 것이 중요합니다.

아웃풋이란 무엇일까?

비즈니스 현장에서 "반드시 아웃풋을 내도록 해"라는 말을 흔히 사용하는데 이때의 아웃풋은 눈에 보이는 성과나 수치를 말합니다. 먼저 아웃풋을 정의해봅시다.

"성과물, 결과. 구체적으로 완성된 서류이거나 계약의 성립, 혹은 회의용 자료를 뜻한다. 개인의 업무 능력을 판단하기 위한 척도로, 일을 잘한다는 것은 곧 아웃풋의 수준이 높고 뛰어나다는 것을 뜻한다."

반면 리본 사고에서의 아웃풋의 의미는 조금 다른데, 아이디어를 포함한 만들어진 '무엇'을 뜻합니다. 리본 사고의 적용 범위는 상품과 같은 구체적인 것뿐만 아니라 기획서나 설계서 등 최종 완성품 전 단계의 이미지나 기본 계획도 포함됩니다.

아웃풋(아이디어)의 범주

무언가 형태를 동반한 표현물의 아이디어

상품	게임	기획서
서비스	캐릭터	논문
브랜드	CI(기업 이미지)	수업
웹사이트	출판물	조직 설계
광고	영화	파티 기획
동영상	여행	리포트
그래픽	건축물	블로그
이벤트	도시 계획	SNS
전시회	가구	입사 지원서
컨퍼런스	조명	인생 설계

아웃풋과 콘셉트의 차이

이번 수업의 도입부에서도 설명했지만 아웃풋을 요리에 비유하면 플레이팅에 해당합니다. 즉, 그릇에 보기 좋게 담는 행위입니다. 인풋(재료 수집)과 콘셉트(조리)에 의해 요리가 완성되기 때문에 콘셉트와 아웃풋은 매우 밀접한 관계에 있습니다.

그럼 아웃풋 단계에서는 어떤 일을 해야 할까요?

- 콘셉트가 갖는 의미를 보다 구체화한다.
- 콘셉트를 기준으로 아이디어의 폭을 넓힌다.
- 콘셉트에서 나온 아이디어를 한 단계 도약시킨다.
- 콘셉트를 기준으로 '하지 않을 일'을 명확히 한다.

중요한 포인트는 네 가지입니다. 앞 교시에서 소개한 수면에 특화된 호텔 '렘'을 예로 들어 인풋 → 콘셉트 → 아웃풋 단계를 구체적으로 살펴보겠습니다.

인풋 잠을 잔다는 본질적인 행위 이외의 것(식사, 욕실, 바 등)에 주력하는 숙박 시설이 많다는 사실을 발견.

콘셉트 수면에 특화된 호텔.

아웃풋 호텔 룸을 객실이 아니라 '침실'로 인식한다.

호텔 이름은 '렘'이며, 광고 카피는 '잠을 디자인하다'.

오감을 자극하는 감각적인 인테리어.

개방형 샤워부스, 엄선한 침대 매트리스를 통해 숙면을 돕는다.

고를 수 있는 베개, 편안한 아침식사 등을 서비스한다.

'수면에 특화된 호텔'이라는 콘셉트를 바탕으로, 아웃풋 단계에서 편안한 수면을 떠올리게 하는 이름과 다양한 서비스로 구체화되는 과정을 이해했으리라 생각합니다. '수면에 특화된 호텔'이라는 콘셉트를 한 단계 발전시켜 객실이 아니라 침실이라는 이미지를 명확하게 전달합니다. 그에 따라 욕조를 설치하지 않고 샤워부스만 설치한 것처럼 '하지 않을 일'과 '해야 할 일'도 명확해집니다.

아이디어의 폭을 넓히는 다섯 가지 규칙

본론으로 들어가기 전에 리본 사고의 모양을 떠올려보세요. 리본의 매듭처럼 압축된 콘셉트를 구체적인 아이디어로 확장시킨다는 것을 알 수 있습니다. 다시 말해 아웃풋이란 한 번 압축한 정보를 다시 한 번 넓히는 단계입니다.

어떻게 아이디어를 확장시키면 좋을까요? 포인트는 앞서 언급했듯 '콘셉트를 토대로 무조건 많은 양의 아이디어를 내는 것'입니다.

많은 아이디어를 끌어내기 위한 여러 방법 중 가장 많이 사용하는 것이 브레인스토밍입니다. 브레인스토밍은 미국 광고회사 BBDO의 창립자이자 부사장이었던 알렉스 오즈번Alex F. Osborn이 개발한 발상법입니다. '브레인(머리)을 써서 문제에 스토밍(돌격)한다'는 의미입니다.

동료와 함께 어떤 주제에 대해 가급적 많은 아이디어를 도출해내는 것이 브레인스토밍의 가장 큰 특징입니다. 여기에도 아이디어의 질은 양에 비례한다는 사고가 밑바탕에 깔려 있습니다.

자신의 아이디어를 이야기하는 것 자체가 익숙하지 않은 사람은 브레인스토밍이 어려울지 모릅니다. 그래서 브레인스토밍을 할 때 의견을 내놓지 않아 회의가 제대로 진행되지 않는 경우를 흔히 볼 수 있습니다. 따라서 많은 아이디어가 나올 수 있는 다섯 가지 조건을 설명하겠습니다.

아이디어의 수를 중요시한다

아이디어가 많으면 많을수록 기발한 아이디어를 발견할 가능성이 높아집니다. 천 개의 아이디어 중 참신한 것은 세 개 정도라고 생각하세요.

자유로운 분위기를 만든다

딱딱한 회의실에서 격식을 차린 옷차림으로 창조적인 아이디어를 도출하기는 어렵습니다. 새롭고도 자유로운 발상은 편안한 분위기에서 탄생한다는 것을 유념하세요.

아이디어를 조합한다

커닝을 장려합니다. 다른 사람의 아이디어에 적극적으로 편승하고 혼합하고 발전시키는 훈련을 합니다.

비판하지 않는다

브레인스토밍이 끝날 때까지는 어떤 아이디어라도 좋고 나쁨을 평가해서는 안 됩니다. 제약이나 터부를 배제하고 터무니없는 아이디어라도 인정하는 태도를 보여야 합니다. 아이디어를 제시한 시점에서는 실현 불가능하더라도 다른 아이디어와 조합하면 실현 가능해질 수도 있습니다.

아이디어는 공공의 것이다

아이디어와 개인을 하나로 묶지 않습니다. 여기에는 두 가지 의미가 있는데, 하나는 발언자의 직책이나 연령에 의해 아이디어의 가치가 좌우되어서는 안 된다는 것입니다. 또 하나는 모든 아이디어는 개인의 것이 아니라 팀의 것이며 '그곳'이기 때문에 나온 아이디어라고 생각해야 한다는 것입니다. 아이디어는 개인에게 종속되거나 소유되지 않습니다.

브레인스토밍을 진행하다 보면 다른 사람의 아이디어를 비판하는 사람이 나오기 마련입니다. 그럴 때에는 다섯 가지 원칙을 명문화해 눈에 잘 띄는 곳에 붙여두면 좋습니다. 만일 비판이나 지적을 한다면 회의 진행자가 "원칙을 지켜주세요"라고 주의를 줍니다.

지금까지 여러분에게 반복해서 강조했듯 아이디어를 내는 방법에 '정답'은 없습니다. 그리고 방법에 너무 의존하면 새로운 생각이 탄생하지 않기 때문에 늘 주의해야 합니다. 이것은 인풋, 콘셉트, 아웃풋 모든 작업에 해당하는 주의 사항입니다. 다만 사고 방법을 기초 지식으로서 기억해두는 것은 사고의 폭을 넓히는 관점에서 필요한 일입니다.

이제 브레인스토밍 외에 세 가지 아이디어 확산법을 소개하겠습니다. 아이디어의 확장은 '양'의 관점으로 생각해야 합니다. 창의력은 재능이 아닙니다. 누구나 시스템만 알면 많은 양의 아이디어를 낼 수 있습니다. 그러기 위해서는 막연하게 백지와 마주하는 것이 아니라 '어떻게 사고할지를 생각하는 것'이 중요합니다.

침묵의 브레인스토밍, 브레인라이팅

첫 번째 아이디어 확산법은 브레인라이팅입니다. 1968년 독일의 베른트 로르바흐Bernd Rohrbach 교수에 의해 개발된 전통적인 강제 발상법입니다. 사람이 많더라도 간단하고 효율적으로 많은 아이디어를 낼 수 있기 때문에 수업에서 자주 사용하고 있습니다.

브레인라이팅의 기본형은 다음과 같습니다.

- 6명의 참가자에게 각각 1장의 시트를 나누어준다.
- 각자가 1회에 5분 동안 3개의 아이디어를 종이에 적고 옆 사람에게 넘긴다.

6명이 30분 동안 진행했을 때 108개의 아이디어를 얻을 수 있으므로, 질보다 양을 중시하는 방법이라고 할 수 있습니다. 또한 앞에 적은 참가자의 아이디어에서 영감을 얻거나 확장시킬 수 있으므로 그룹 씽킹의 장점도 갖고 있습니다. 이 방법으로는 말할 필요가 없기 때문에 '침묵의 브레인스토밍'이라고도 부릅니다.

생각하는 힘의 교실에서는 자체적으로 만든 브레인라이팅 시트를 사용해 변형된 형태의 브레인라이팅을 진행하고 있습니다.

- 3열列과 한 팀의 인원에 해당하는 행行 수의 네모 칸이 그려진 브레인라이팅 시트의 위쪽에 아이디어의 주제인 콘셉트를 기입한다.
- 각자 한 장씩 시트를 가지고 2분 동안 콘셉트에 대한 아이디어 3개를 적는다. 한 사람당 한 행, 한 칸에 한 개의 아이디어를 쓴다.
- 2분이 지나면 자신이 쓴 시트를 옆 사람에게 전달한다.
- 둘째 장부터는 시트 상단에 적혀 있는 콘셉트를 주제로 새로운 아이디어를 생각한다. 위의 행에 쓰여 있는 아이디어를 참고한다.
- 만약 앞 사람이 한 행을 메우지 못했다면 다음 행을 채우는 사람이 대신 메운다.
- 다섯 번째 행부터는 시트에 쓰여 있는 콘셉트나 가치가 '없다면' 혹은 '부정된다면'이라는 전제로 아이디어를 생각한다.

눈치가 빠른 독자라면 알아차렸겠지만 다섯 번째 행부터는 콘셉트와 반대되는 아이디어가 나옵니다. 이 아이디어가 채택되는 경우는 없지만 흥미로운 아이디어가 탄생할 가능성도 있기 때문에 사고의 폭을 넓히기 위해 시도합니다. 콘셉트와 반대되는 아웃풋이 더

도쿄대식 브레인라이팅 시트

Brain Writing Sheet

콘셉트

좋은 아이디어에 한 표를!

	Ⅰ	Ⅱ	Ⅱ
1			
2			
3			
4			
5			
6			

여기서부터는 반대의 아웃풋!

기발할 경우에는 콘셉트 만들기부터 다시 합니다(여기서 되돌아가는 것을 두려워하지 않고 다시 하겠다고 결단하는 것이 중요합니다).

모든 칸이 채워진 후에 시트를 다시 돌려보면서 참신한 아이디어가 있는 칸의 왼쪽 상단 작은 네모 칸에 별표(★)를 그려 넣습니다. 누구의 아이디어인지 모르는 상태에서 별표 수로 아이디어에 대한 객관적인 평가를 할 수 있습니다. 많은 아이디어 중에서 흥미로운 것을 찾아내는 훈련도 됩니다.

자신의 아이디어를 객관적으로 평가받을 수 있는 좋은 기회이기도 합니다. 스스로 기발한 아이디어라고 생각했더라도 다른 사람의 평가는 전혀 다를 수 있습니다.

다음은 브레인라이팅을 시도할 때 주의해야 할 사항들입니다.

내 의견을 내놓는 것이 먼저다

하쿠호도에서는 '미팅'이 아니라 '회의'라는 말을 사용합니다. '미팅'이라고 하면 단지 모이는 것만이 목적인 듯한 느낌이지만 '회의'는 자신이 도출해낸 아이디어에 대한 의견을 주고받는다는 뉘앙스를 주기 때문입니다. 브레인라이팅에서도 중요한 것은 자신의 생각을 먼저 적어야 한다는 점입니다. 그리고 자신의 아이디어를 내놓기 위해서는 회의 전에 먼저 혼자서 생각해야 합니다. 함께 생각한다는 것이 자신은 생각하지 않아도 된다는 뜻이 아님을 기억하세요.

아이디어를 정리하지 않는다

생각을 정리한 뒤에 쓰려고 해서는 안 됩니다. 머릿속에 떠오르는 것을 글자나 그림으로 시각화하는 것이 중요합니다. 자신은 진부하다고 생각한 아이디어라도 누군가에게는 좋은 아이디어를 떠올릴 수 있는 힌트가 됩니다. 완성되지 않은 단편적인 아이디어든 내놓기에 부족하다고 느끼는 아이디어든 상관없습니다. 다음 사람에게 넘긴다는 생각으로 무엇이든 써두세요.

아이디어를 검토하는 시간을 따로 둔다

아이디어를 낸 다음에 검토하는 시간을 갖습니다. 여기서 중요한 점은 아이디어를 내는 시간에는 각각의 아이디어에 대한 좋고 나쁨을 평가하지 않는다는 것입니다. 그리고 하나의 아이디어에 집착하지 않고 열린 마음을 갖는 게 중요합니다.

아이디어를 변형시키는 스캠퍼 체크리스트

체크리스트법은 브레인스토밍을 고안한 알렉스 오즈번이 개발한 것입니다. '오즈번의 체크리스트'라고 부르며 다음의 아홉 가지 질문 항목으로 이루어져 있습니다. 다른 용도로 쓸 수 없을까put to other uses? 다른 아이디어를 빌리면 어떨까adapt? 의미나 색, 모양을 바꾸면 어떨까modify? 확대하면 어떨까magnify? 축소하면 어떨까minify? 다른 소재나 접근을 다른 것과 바꾸면 어떨까substitute? 순서나 패턴을 다르게 하면 어떨까Rearrange? 앞뒤나 위아래를 뒤집으면 어떨까reverse? 서로 다른 두 요소나 의미를 섞으면 어떨까combine?

그리고 밥 에벌Bob Eberle이라는 교육자가 오즈번의 체크리스트를 변형해 만든 것이 '스캠퍼SCAMPER'라고 하는 체크리스트법입니다. 스캠퍼 기법은 일곱 가지 관점에서 아이디어를 생각합니다.

스캠퍼 체크리스트

대체Substitute	· 다른 것과 바꿀 수 없을까? · 요소나 과정을 다른 것과 바꾸면 어떨까?
결합Combine	· 다른 것과 결합해보면 어떨까? · 서로 다른 요소나 과정을 통합할 수 없을까?
응용Adapt	· 다른 것에 응용시키면 어떨까? · 새로운 요소나 과정을 억지로 덧붙이면 어떨까?
수정Modify 확대Magnify / 축소Minify	· 요소의 크기나 성능을 변화시키면 어떨까? · 동작시키는 환경을 바꾸면 어떨까?
다른 용도로 사용Put to other uses	· 다른 용도로 사용할 수 없을까? · 다른 시장에서는 팔리지 않을까? · 맥락을 바꾸면 새로운 의미를 가지지 않을까?
제거Eliminate	· 부품이나 과정을 없애면 어떨까? · 한 단계 퇴화시킨 후에 다른 방향으로 진화시키면 어떨까?
반전Reverse 재배열Rearrange	· 요소의 배열이나 과정의 순서를 상하, 내외, 전후, 좌우로 뒤집으면 어떨까? · 다시 조합하면 어떨까?

생각하는 힘의 교실에서는 일곱 가지 관점을 다음의 네 가지로 집약해서 활용합니다.

- 관점을 바꾼다.
- 시간과 공간을 바꾼다.
- 형태를 바꾼다.
- 의미를 바꾼다.

'관점을 바꾼다'를 예로 들면 아기, 100세 노인, 대통령, 미국인, 우주인 등 다양한 사람의 관점에서 생각해봅니다.

체크리스트는 여기에서 언급한 것 이외에도 여러 기법이 있으므로 자신에게 맞는 체크리스트를 정리해두면 편리합니다. 또는 자신만의 독창적인 체크리스트 기법을 만들어보는 것도 좋습니다.

도쿄대식 체크리스트

관점을 바꾼다

· 그 상품을 매우 좋아하는 사람이라면
· 그 상품을 매우 싫어하는 사람이라면
· 우주인이라면
· 아기라면
· 아인슈타인이라면
· 여고생이라면
· 말이 통하지 않고 기본 상식도 없는 사람이라면
· 초등학생이라면
· 전쟁터에 있는 사람이라면
· 기아 상태에 빠진 사람이라면
· 대통령이라면
· 100세 노인이라면
· 내 부모라면
· 사장이라면
· 모교의 선생님이라면
· 내가 가장 싫어하는 사람이라면
· 미생물이라면
· 아이 엄마라면
· 근세 시대 사람이라면
· 외국인이라면

시간과 공간을 바꾼다

· 석기 시대라면
· 16세기라면
· 100년 후라면
· 100년 전이라면
· 10년 후, 10년 전이라면
· 시간에 한정이 없다면
· 당연히 존재하는 것이 없어진다면
· 100미터 앞에서 본다면
· 하늘에서 본다면
· 밤박에 없는 나라라면
· 세계에 존재하는 단 하나의 나라라면
· 화폐가 없는 나라라면
· 색이 없는 세계라면
· 주위에 아무 것도 없다면
· 화장실에서 볼일을 보고 있다면
· 토성의 고리 위라면
· 우주 정거장이라면
· 도라에몽의 4차원 주머니 안이라면
· 자신의 세포 안이라면
· 바닷속이라면
· 영하 100도의 추운 곳이라면
· 꿈속이라면

형태를 바꾼다	의미를 바꾼다
· 절반으로 바꾼다	· 비슷한 것을 예로 든다
· 손바닥 사이즈로 바꾼다	· 반대되는 것을 예로 든다
· 최대한 크게 바꾼다	· 최하위를 노린다
· 최대한 작게 바꾼다	· 재밌게 바꾼다
· 눈에 보이지 않는 크기로 바꾼다	· 심플하게 바꾼다
· 가변 사이즈로 한다	· 아이들이 이해할 수 있도록 한다
· 분자 형태로 바꾼다	· 깎아내린다
· 지구와 같은 형태로 바꾼다	· 바꿔 말한다
· 존재하지 않았던 형태로 바꾼다	· 사전의 정의를 찾는다
· 최대한 길게 바꾼다	· 동물에 비유한다
· 최대한 짧게 바꾼다	· 하나로 모은다
· 다른 소재로 바꾼다	· 마구 섞는다
· 부순다	· 재미있다고 생각한다
· 뾰족하게 바꾼다	· 시시하다고 생각한다
· 둥글게 바꾼다	· 복잡하게 바꾼다
· 감촉을 좋게 바꾼다	· 어른스러운 이미지로 바꾼다
· 부드럽게 바꾼다	· 아름답게 바꾼다
· 평면으로 바꾼다	· 디지털화한다
· 최대한 꾸며본다	· 아날로그화한다
· 잘게 썬다	· 나만 알 수 있는 것으로 바꾼다
· 고약한 냄새가 나게 한다	· 가능성이 희박한 것으로 바꾼다
· 보이지 않게 바꾼다	

우연의 힘을 믿는다,
강제 결합법

강제 결합법은 상정한 주제와 전혀 관계가 없는 정보에 의해 연상되는 특성이나 이미지를 힌트 삼아 아이디어를 발상하는 방법입니다. 틀에 박히기 쉬운 발상을 도약시키는 효과가 있습니다. 혼자서 하기보다 여러 명이 서로 자극하면서 짧은 시간 안에 시도하기에 적합한 발상법 중 하나입니다. 강제 결합법의 순서는 다음과 같습니다.

① 아이디어를 내는 대상이 되는 사물이나 서비스를 상정한다.

② 랜덤으로 정보(단어, 그림, 도식)를 모은다.

③ 수집한 정보로부터 연상되는 특성이나 이미지를 리스트업한다.

①과 ③을 결합시킴으로써 강제 발상을 시도한다.

정보를 모을 때는 다음과 같은 방법을 사용하지만 랜덤이므로 사실 어떤 방법을 사용하든지 상관없습니다. 앞에서 설명한 끝말잇기도 강제 결합법의 한 방법입니다. 즉, 우연의 힘을 최대한 이용하는 것입니다.

- 눈을 감은 채 사전을 펴고 손가락이 가리킨 단어를 고른다.
- 랜덤 기능이 있는 전자사전을 사용해 단어를 고른다.
- 신문이나 잡지를 오려 주머니에 넣고 제비뽑기를 하듯 꺼낸다.

예를 들면 '선물'이 주제일 때 랜덤으로 모은 정보 중 '잔업'이라는 단어가 나왔다고 합시다. 두 개를 결합시키면 '들고 가지 못하는 선물'이라는 발상이 나올지도 모릅니다. 만약 '카멜레온'이라는 단어가 나왔다면 '카멜레온처럼 자유롭게 커스터마이즈할 수 있는 선물'이라는 아이디어로 이어질 수 있습니다.

강제 결합법은 손쉽게 시도할 수 있을 뿐 아니라 익숙해지면 발상의 폭을 넓힐 수 있는 효과적인 방법입니다. 게다가 동료와 함께 화기애애한 분위기 속에서 할 수 있기 때문에 아이디어가 도약하기도 쉽습니다.

MBA 엘리트가 유치원생에게 진 이유

앞에서 설명한 발상법만큼 유용한 것이 '프로토타이핑prototyping'입니다. 요즘에는 비즈니스 세계에서도 일반적으로 사용하고 있습니다. 프로토타이핑이란 머릿속의 완성 전 아이디어를 글자나 그림, 모형 등으로 표현해 시각화하는 것입니다. 완성도가 높지 않아도 엉성해도 상관없으니 '아이디어가 실현된 후의 모습'을 형상화하는 것이 중요합니다.

디자인 사고 교육으로 유명한 미국 일리노이공과대학교 디자인 스쿨의 모토는 "낮은 정확도, 빠른 실패Low Fidelity, Early Failure"라고 합니다. 공들여 만드는 것보다 정확도가 낮더라고 빨리 만들어보고 문제점이나 실패에서 배우는 것이 더 중요하다는 의미입니다.

그럼 왜 프로토타이핑이 중요할까요?

'마시멜로 디자인 챌린지'가 상징적인 예입니다. 각 분야에서 활약하는 인물들의 강연 프로그램인 TED에서 노키아의 디자이너 피

프로토타이핑의 목적

아이디어를 눈에 보이는 것으로 만든다.

Create(seeing that)

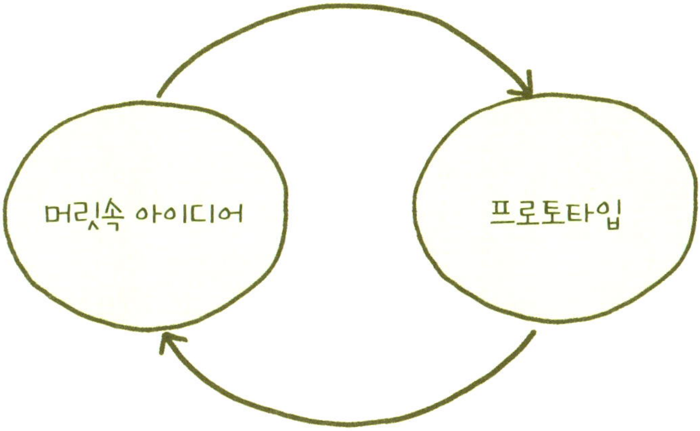

형상화한 것을 통해 아이디어를 발전시킨다.

Read(seeing as)

※ 《사용자 경험 스케치》 발췌.

터 스킬먼Peter Skillman이 발표해 널리 알려진 실험입니다.

준비물은 스파게티면 20가닥, 테이프 1미터, 실 한 묶음과 마시멜로 한 조각입니다. 스파게티면을 이용해 테이프와 실로 잇고 고정하면서 탑을 만들어 가장 높은 곳에 마시멜로를 올리는 팀이 승리하는 게임입니다. 팀은 4명으로 구성되며, 제한 시간은 18분입니다. 제한 시간이 끝날 때까지 탑이 무너지면 안 됩니다.

스탠퍼드대학교, 타이완대학교, 도쿄대 등의 공학과 학생, MBA 졸업생 그리고 유치원생이 도전했습니다. 그중 가장 높은 기록을 보여준 집단은 바로 유치원생들이었습니다. 반면 가장 저조한 결과를 낸 집단은 놀랍게도 MBA 졸업생이었습니다. 유치원생의 압승이었죠. 왜 이런 결과가 나왔을까요?

MBA 엘리트들은 대회가 시작한 후에 가장 먼저 누가 팀의 리더(스틸먼은 이를 스타게티 회사의 CEO라고 비꼬았습니다)가 될지를 정했습니다. 그러고 나서야 계획을 세우고 수정을 했는데, 이미 많은 시간을 쓴 뒤였습니다. 그들은 스파게티면을 세우고 종료 시간이 다 되어서야 마시멜로를 올려놓았습니다. 그러니 여기서 무너지는 경우가 많았습니다.

유치원생들은 수없이 도전을 반복했습니다. 탑이 어떻게 생겨야 하는지도 관심 없었습니다. 마시멜로를 가장 높은 곳에 올리기 위한 목적만을 생각했고, 바로 행동했지요. 그래서 유치원생들은 고

피터 스킬먼의 강연

톰 우젝의 강연

※ 피터 스킬먼이 2006년 TED에서 강연할 때 보여준 마시멜로 챌린지에 참가한 유치원생들의 사진이다. 모양이 가지각색인 것을 알 수 있다. 2010년에는 톰 우젝이 좀 더 다양한 사람들과 여러 가지 조건을 더하여 마시멜로 챌린지를 진행한 내용을 TED에서 강연했다.

학력자와 엔지니어를 이길 수 있었습니다.

도쿄대에서도 마시멜로 디자인 챌린지를 수업이나 학교 축제 등에서 여러 번 시행했습니다. 그리고 처음 도전하는 대다수의 사람들이 실패하곤 했습니다. 이 챌린지로부터 우리가 얻을 수 있는 교훈은 '어쨌든 실제로 해본다. 머리로 상상해서는 알 수 없는 일이 일어날 수 있다'는 것입니다.

남아프리카공화국 출신으로 미국의 수학자이자 컴퓨터과학자이며 발달심리학자인 시모어 페퍼트Seymour Papert는 '구성주의constructivism'라는 개념을 연구했습니다. 머리와 손은 밀접하게 연결되어 있어 서로 신호를 주고받으면서 새로운 지식을 쌓아간다는 이론입니다. 즉, 머리로만 생각해서는 새로운 지식을 쌓을 수 없습니다. 무언가를 만들어봄으로써 생각을 깊게 할 수 있는 것입니다. 이는 새로운 것을 만드는 현장에서 당연시되는 사고방식입니다.

미국의 글로벌 디자인 컨설팅 기업 아이디오IDEO에서는 "생각하면서 만들고 만들면서 생각한다We think to build, build to think"라는 말을 입버릇처럼 합니다. 프로토타이핑의 장점은 문제점을 사전에 인지할 수 있을 뿐 아니라, 그 과정을 통해 새로운 아이디어를 이끌어낼 수 있다는 것입니다.

프로토타이핑의 다섯 가지 방법

프로토타이핑 기법은 다양하지만 그중에서 몇 가지 대표적인 것을 소개합니다.

- 아이디어 스케치 사용 방법에 대한 씬scene을 4컷 만화로 표현한다.
- 래피드 프로토타입Rapid Prototype 생각을 구현하는 데 중점을 두고 빠르게 시제품을 만들어 아이디어를 검증한다.
- 목업mock-up 실물 크기의 모형을 만들어봄으로써, 크기나 형태, 사용의 편리성 등을 검증한다.
- 고객 체험 시나리오 동영상이나 스케치를 통해 사용 후기를 스토리 형식으로 소개하면서 반응을 검증한다.
- 스킷(촌극) 상품이나 서비스의 제공자와 사용자로 나누어 즉흥 연극을 하면서 생생한 반응을 확인한다.

아이디어가 하나로 좁혀지지 않을 경우에는 복수의 래피드 프로토타입을 제작해 선택의 근거로 삼는 것도 효과적입니다. 이후 실용성을 검증하기 위해 더 정확도가 높은 프로토타입을 만들어 현장에서 검증하는 경우도 있습니다.

생각하는 힘의 교실에서는 누구나 쉽게 만들 수 있는 래피드 프로토타입이나 스킷을 통해 도출한 아이디어를 검증합니다.

매력적인 아이디어를 버려야 할 때

아웃풋 단계에서의 아이디어는 콘셉트에 한해 다양하게 확장됩니다. 어떤 상품을 시장에 출시할 경우 상품 콘셉트를 바탕으로 기능 및 사용자 인터페이스 디자인을 결정하고, 이름을 정하고, 광고 방향을 설정하고, 세일즈 툴을 제작하고, 판매 전략을 짜는 등 다양한 영역의 아이디어가 필요합니다.

여기서 알아두어야 할 점은 각 영역의 매력적인 아웃풋이 반드시 좋은 아웃풋은 아니라는 것입니다. 각 영역별로 아이디어를 확장시킬 때는 콘셉트에 근거해 일관성을 유지하는 것이 중요합니다. 아웃풋이 하나의 콘셉트로 통합되지 않으면 사용자에게 혼란과 불신을 주기 때문입니다.

웹사이트나 팸플릿의 광고 문구는 '유럽풍의 궁전 같은 레스토랑'이었는데 실제로 가게에 가보니 '중후한 느낌의 일식당'이었다면 어떨까요? 한 분야만 담당하다 보면 전체를 보지 못하기 때문에 아웃풋의 일관성을 유지하기 어려운 경우가 많습니다.

다음 쪽의 표를 살펴보세요. 오른쪽 위에 위치한 영역이 콘셉트가 강화되고 높은 평가를 받은 '좋은 아웃풋'입니다. 당연히 이 영역 안으로 들어가는 것을 지향해야 합니다.

주목해야 할 점은 '벗어난 아웃풋'의 영역입니다. 이 영역은 높은 평가를 받았지만 콘셉트가 강화되지 않은 영역입니다. 아웃풋은 매우 흥미롭지만 콘셉트와는 맞지 않으므로 좋은 아웃풋이라고 할 수 없습니다.

고급 프렌치 레스토랑을 홍보하기 위해 공연을 기획했는데, 유명 트로트 가수를 초청했다면 어떨까요? 레스토랑은 오히려 브랜드 이미지에 손상을 입을지도 모릅니다. 콘셉트를 고려하지 않고 단순히 흥미로운 아이디어를 조합하는 것은 오히려 나쁜 결과를 낳을 수 있습니다. 아웃풋이 아무리 매력적이더라도 콘셉트와 어울리지 않는 '벗어난 아웃풋' 영역의 활동은 멈춰야 합니다.

만약 벗어난 아웃풋 영역의 아이디어가 포기할 수 없을 정도로 마음을 사로잡았다면, 단계를 거슬러 올라가 콘셉트 자체를 재검토할 필요가 있습니다. 아웃풋을 선택할 때에는 그 아이디어가 얼마나 기발한가뿐만 아니라 콘셉트와 잘 맞는가를 고려해야 합니다.

좋은 아웃풋이란?

매력적인 아웃풋이 반드시 좋은 것은 아니다.

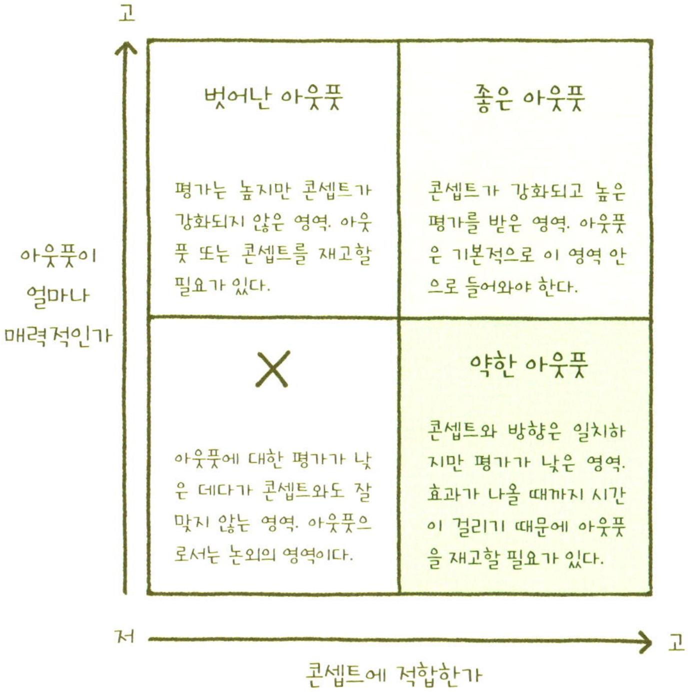

▲ 설정한 콘셉트에 근거한 판단 기준

스토리를 말할 수 있는가?

아웃풋의 마무리는 스토리를 구성하는 것입니다. 매력적인 스토리를 만들 수 없는 아웃풋은 재검토할 필요가 있습니다.

그럼 스토리란 무엇일까요?

- 어떤 마음으로 그것을 만들었는가?
- 그것을 생각한 이유는?
- 모방할 수 없는 차별화된 가치와 매력이 있는가?
- 상품이나 서비스의 사용 전후로 무엇이 바뀔 것인가?
- 어떻게 사람을 행복하게 만들 것인가?
- 어떻게 더 좋은 사회로 만들 것인가?
- 상품이나 서비스는 어떻게 세상을 바꿀 수 있는가?

위와 같은 열의를 담은, 듣는 이의 가슴을 두근거리게 하는 내용을 말합니다. 스토리에는 다음과 같은 몇 가지 형식이 있습니다.

- 기승전결 한시의 절구를 구성하는 형식이다. '기'는 이야기의 시작이고, '승'은 시작의 이어짐이며, '전'에서 반전이 일어나고, '결'에서 결과에 이른다. 4컷 만화가 대표적이다.
- 전후 비교before & after 출시 전과 후를 비교할 수 있어 성과가 드러나기 쉬운 형식이다.
- 수파리守破離 일본의 다도, 무도, 예술 등에서 장인으로 성장하는 과정을 뜻한다. '수守'는 스승이나 유파의 가르침을 지키고 익히는 단계를 가리킨다. '파破'는 다른 스승이나 유파의 가르침을 접하면서 더 좋은 것을 받아들여 기존의 가르침받은 방법을 깨부수는 단계를 가리킨다. '리離'는 하나의 유파에서 벗어나 독자적으로 새로운 것을 만들어내고 확립시키는 단계를 가리킨다.
- 독립separation-통과의례initiation-귀환return 세계 공통으로 영웅이 등장하는 이야기에서 보이는 구조다. 건국신화나 〈스타워즈〉의 스토리 구조도 이와 같다.

'브랜드의 신'이라 불리는 미국 경영학자 데이비드 아커David A. Aaker는 훌륭한 제품에는 기능적 가치, 정서적 가치, 자기표현 가치, 이렇게 세 가지 가치가 있다고 말했습니다.

자동차로 말하면 기능적 가치는 달리는 것이고, 정서적 가치는 마음에 든 자동차를 샀을 때 맛볼 수 있는 만족감이며, 자기표현 가치는 그 자동차를 타고 소중한 사람과 함께 드라이브하는 기쁨에 해당합니다.

스토리란 기능적 가치뿐 아니라 정서적 가치와 자기표현 가치 모두를 포함한 아웃풋임을 증명하는 표현법입니다. 매력적인 스토리를 만들 수 있다면 아웃풋도 깊이를 더할 것입니다. 아웃풋은 압축한 콘셉트를 구체화하는 단계입니다. 스토리의 얼개를 짜면서 콘셉트에서 한 단계 도약시켜 아웃풋의 폭을 넓혀보세요.

공부하는

생 힘 교

리본 사고의 모티브,
디자인 사고

사고법에 정통한 분은 '디자인 사고'라는 말을 들은 적이 있을 것입니다. 이 책을 읽으면서 리본 사고와 디자인 사고의 프로세스가 유사하다고 느꼈을지도 모릅니다. 저는 IDEO와 제휴를 통해 일본에서 가장 빨리 디자인 사고를 도입했고 현재까지 실천해오고 있습니다. 그 때문에 리본 사고에는 디자인 사고의 개념이 담겨 있습니다. 여기서는 리본 사고의 기본 개념을 보다 명확하게 이해할 수 있도록 디자인 사고에 대해 설명하고자 합니다.

디자인 사고라는 말은 1987년 건축가 피터 로우Peter G. Rowe가 쓴 《디자인 씽킹Design Thinking》에서 처음 소개되었습니다. 그 후 2001년 IDEO의 창업자 중 한 명인 톰 켈리Tom Kelley가 그의 저서 《유쾌한 이노베이션》을 통해 IDEO의 기본적인 디자인 프로세스를 공개했습니다. 더 나아가 2009년 팀 브라운Tim Brown IDEO CEO가 《디자인에 집중하라》를 출간하면서 비즈니스 분야에서 많은 주목을 받았습니다.

이런 과정에서 IDEO의 디자인 프로세스를 비롯한 제품 디자이너의 사고를 알기 쉽게 프로세스화한 것을 총칭해 디자인 사고라고 불렀습니다. 디자인 사고를 널리 알린 팀 브라운조차 초기에는 '디자인 사고'라는 말을 사용하지 않았습니다. 저 역시 디자인 사고가 무엇이냐고 묻는 질문을 자주 받지만 명징하게 어떤 것이라고 정의 내릴 수 없는 이유가 여기에 있습니다. 디자인 사고는 그 탄생에서부터 뜻이 명확히 정립되지 않은 채 현재에 이르렀기 때문입니다.

디자인 사고는 왜 주목받는 것일까?

최근 디자인 사고가 주목받는 이유는 무엇일까요? 경제 성장기에는 비즈니스 성공 법칙을 어느 정도 패턴화할 수 있었습니다. 그래서 조사나 분석 등의 논리적 기법이 효과적으로 작동했습니다. 그런데 경제 성숙기에 들어선 오늘날에는 비즈니스 성공 법칙을 패턴화하기가 어려워졌습니다. 즉, 다음과 같은 상황이 된 것입니다.

- 기존 방법만으로는 해결할 수 없다.
- 기존의 틀을 뛰어넘어 생각하지 않으면 안 된다.
- 새로운 것을 만들어내지 않으면 안 된다.

이와 같은 추세를 반영해 '디자인 사고'에 관심이 쏠린 것은 당연한 수순일지도 모릅니다. 틀에 박히지 않고 감성을 소중히 여기며 새로운 것을 창조하는 디자이너의 노하우가 쌓여서 만들어진 경험적 사고법이기 때문입니다.

디자인 사고는 새로운 것을 만들어내는 디자이너의 사고 프로세스를 정형화한 것입니다. 디자이너의 창의적인 프로세스를 디자이너가 아닌 사람도 활용할 수 있도록 하고, 창조적으로 과제를 해결할 수 있도록 돕기 위해 만들어진 것입니다.

디자인 사고에 대한 정의가 명확하지 않듯 디자인 사고의 프로세스에 관해서도 제창하는 사람에 따라 미묘하게 차이가 있습니다. 현재 전 세계의 기업과 교육기관이 자체적으로 조금씩 각색한 디자인 사고 프로세스를 사용하고 있습니다. 디자인 사고의 원조라고 할 수 있는 IDEO에서도 사람에 따라 사용하는 프로세스가 약간씩 다를 정도입니다.

다만 프로세스의 기본적인 포인트는 거의 같습니다. 첫 단계는 사용자를 직접 관찰하는 것부터 시작한다는 점입니다. 사용자가 어떤 이유로 의욕이 생기는지, 반대로 어떤 이유로 의욕을 잃는지, 무엇 때문에 짜증을 내고, 무엇 때문에 기뻐하는지 진심으로 공감할 수 있을 때까지 그들을 관찰하는 것입니다.

디자인 사고의 이러한 사고방식은 당시에는 신선함과 놀라움을 안겨주었습니다. 사용자를 직접 관찰하는 기법은 새로움을 창조하는 데 있어서 기본 조건임에도 불구하고 생산 효율 지상주의가 만연한 비즈니스 세계에서는 전혀 관심을 두지 않았기 때문입니다. 새로운 제품이나 서비스를 만들 때 고객을 직접 관찰하는 것이 얼마나 중요한지를 디자인 사고에 의해 새삼 깨달은 것입니다.

디자인 사고로도 똑같은 아이디어가 나오는 이유

디자인 사고는 매우 효과적이며 강력한 사고 프로세스입니다. 하지만 디자인 사고가 비즈니스 현장에서 보편화됨에 따라 새로운 과제도 생겼습니다. 크게 두 가지를 들 수 있습니다.

첫 번째는 '형식화'되고 '동질화'되기 시작했다는 것입니다. 최근 디자인 사고를 단지 도구로서 쉽게 받아들이는 경향이 두드러집니다. '이 프로세스대로만 하면 되겠지?'라는 안일한 마음으로 디자인 사고를 사용한다면 새로운 것이 탄생할 가능성은 낮아집니다. 그럼에도 불구하고 편리한 툴로서 형식화되기 시작했습니다.

그 배경에는 지나치게 정형화된 디자인 사고 프로세스를 받아들이고 있다는 문제점이 있습니다. 예를 들면 첫 단계에서 사용자를 관찰하는 목적을 이해했다면, 사용자를 관찰하는 방법으로 꼭 에스노그라피를 실시할 필요는 없습니다. 그러나 디자인 사고가 보급됨에 따라 무조건 에스노그라피를 수행해야 한다고 주장하는 사람들을 흔히 볼 수 있습니다. 모두 같은 순서로 아이디어를 생각하면 당연히 아웃풋도 비슷해질 위험성이 있습니다. 새로운 것을 만들어내기 위해 디자인 사고를 활용한다면서 오히려 틀에 갇히는 것이지요.

사실 디자인 사고를 비롯한 새로운 것을 생각해내는 사고 프로세스는 체계화하기 힘든 개념입니다. 그럼에도 불구하고 이해도를 높이고, 대중적으로 보급하기 위해서 시스템화된 것입니다. 이것이 누구나 활용할 수 있는 디자인 사고의 좋은 점이기도 하지만 반대로 고정화를 초래한 원인이 되기도 했습니다. 프로세스는 어디까지나 목적에 의미를 두어야 함을 잊지 마세요. 그렇지 않으면 비슷한 아이디어만 탄생될 뿐입니다.

질문을 창조하는 아트 사고 vs 답을 창조하는 디자인 사고

두 번째는 디자인 사고를 통해서 과제를 해결하지 못할 수도 있다는 것입니다. 이 문제점을 이야기하기에 앞서 디자이너와 아티스트의 사고방식 차이에 대해 이해할 필요가 있습니다.

디자이너는 창조적인 해결책을 제시하기 위해 사고하는 사람입니다. 해결책의 가능성을 이해하고 그것을 활용하는 사람입니다. 즉, 디자이너의 사고를 가시화한 디자인 사고는 바꿔 말하면 과제 해결을 위한 사고라고 할 수 있습니다.

그에 비해 아티스트는 창조적인 질문을 위해 사고하는 사람입니다. 새로운 방향성을 탐색하고 가능성을 발견하는 사람입니다. 아티스트는 반드시 해결책을 제시하지는 않습니다. 그럼 아티스트는 지금까지 없던 새로운 아이디어를 어떻게 탄생시킬 수 있을까요? 그것은 해결책을 제시해야 한다는 눈앞의 제약이 없기 때문입니다. 그만큼 정해진 틀에서 벗어나 자유롭게 생각하다 보니 과제 자체를 해결할 수 있는 능력을 얻습니다.

아티스트의 사고를 형식화한 것이 바로 아트 사고입니다. 미디어 아트 페스티벌과 그 연구 기관으로 유명한 오스트리아의 '아르스일렉트로니카Ars Electronica'에서는 새로운 발상을 위한 아트 사고의 중요성에 대해 오랫동안 목소리를 내왔습니다. 아르스일렉트로니카에서는 아트 사고의 본질을 '독창적인 질문'이라고 정의하고 사물을 생각할 때에는 먼저 새로운 질문을 하도록 장려합니다. 요즘에는 아트 사고 역시 비즈니스 세계에 조금씩 알려지고 있습니다.

디자인 사고와 아트 사고의 관계를 알기 쉽게 정리하면 다음과 같습니다.

아트 사고와 디자인 사고의 차이

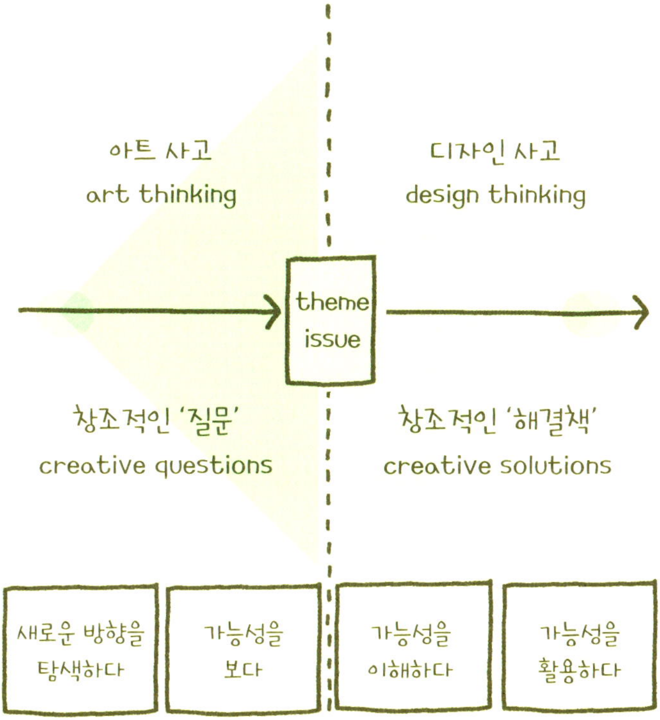

※ 아르스일렉트로니카의 자료를 토대로 일부 가필.

창조적인 해결책을 제시하는 디자인 사고 새롭지만 낯설지 않은 아이디어가 나올 가능성이 있다.

창조적인 질문을 던지는 아트 사고 완전히 새로운 아이디어가 나올 가능성이 있다.

앞서 이야기한 디자인 사고의 두 번째 과제로 되돌아갑시다. 디자인 사고는 과제 설정이 잘못되면 효과적으로 작동하지 못합니다. 관찰하는 대상이나 주제가 적절하지 않으면 아무리 관찰을 잘 한다고 하더라도 효과는 한정적일 수밖에 없기 때문입니다. 이것이 아트 사고와의 가장 큰 차이로 인한 한계입니다.

그럼에도 디자인 사고가 비즈니스 분야에서 획기적인 프로세스임은 분명합니다. 비즈니스는 좀 더 많은 사람에게 제품을 팔고 브랜드를 알려야 한다는 목표가 뚜렷합니다. 그러니 완전히 새로운 아트 사고보다 디자인 사고가 더 적합할 수 있습니다. 따라서 앞서 이야기한 디자인사고의 문제점을 보완하고 아트사고와 결합해 최근의 트렌드를 반영, 개발한 것이 바로 리본 사고입니다.

정해진 프로세스로 디자인 사고를 배우면 아무래도 프로세스에 얽매여 자유도가 떨어집니다. 오랜 경험으로 말하자면 인풋 단계에서의 자유도를 될 수 있는 한 높여야 기발하고 참신한 아이디어를 많이 생각해낼 수 있습니다. 게다가 디자인 사고에서는 그다지 중요시하지 않았던 콘셉트가 지금에 이르러서는 그 중요성이 점차 커지고 있습니다. 이러한 경험을 통해 디자인 사고의 과제와 그 해결책을 리본 사고에 대입한 내용은 다음과 같습니다.

- 프로세스의 고정화가 일어나지 않으려면 자유도 높은 최소한의 프레임을 정해둔다.
- 최초의 과제 설정에서 독창성을 높이려면 창조적인 질문으로 시작한다.
- 정보의 독창성을 높이려면 인풋 방법의 창조성을 중요시한다.
- 아이디어의 동질화를 피하려면 콘셉트를 만드는 과정을 중요시한다.
- 개인의 한계를 넘는 아이디어를 만들려면 팀을 짜서 다른 사람과 함께 사고 프로세스를 진행한다.

이렇게 탄생한 리본 사고의 프로세스를 밟으면 누구나 창의성이 돋보이는 아이디어를 아웃풋할 수 있을 거라고 생각합니다.

주의할 점은 리본 사고 역시 일정한 형식을 띄고 있으므로, 디자인 사고와 마찬가지로 그 형식에 얽매이면 새로운 사고를 할 수 없습니다. 그러므로 형식을 이해한 뒤에는 형식을 파괴하도록 합시다. 프로세스에 얽매이지 말고 자유롭게 활용해보세요.

CREATIVE IDEA

CLASS 5

아이디어

압축과 확장으로 새로운 것을 창조하다

혼자보다는
팀으로!

리본 사고는 팀이 함께 생각하는 것을 전제로 합니다. 도쿄대의 수업 콘셉트를 '정답 없는 질문에 다 함께 도전한다'고 설정한 것처럼 같이 하는 것이 중요합니다.

'양'과 '조합'의 관점에서 보더라도 혼자서 생각하는 것보다 팀 공동으로 생각하는 것이 좋습니다. 인풋, 콘셉트, 아웃풋 모든 단계에서 아이디어의 질은 양에 비례합니다. 한 명보다는 다수인 쪽이 절대적으로 많은 양의 아이디어를 낼 수 있습니다.

또한 아이디어는 기존 요소의 결합에 의해 탄생합니다. 혼자서 생각하면 아무리 뛰어난 사람이라도 편협하고 고정된 사고를 합니다. 다양한 사람들이 서로 다른 생각을 주고받아야 새로운 결합을 떠올리기 쉽습니다.

물론 개인의 사고력을 높이는 것도 매우 중요합니다. 팀을 이루어 하는 스포츠 경기에서도 개개인의 높은 역량이 조화를 이루면 팀이 우승할 확률이 높습니다. 특히 사회에 나가면 혼자서 생각하고 진행하는 일보다 팀과 함께 혹은 다른 부서의 사람들과 협업을 해야 하는 일이 대부분입니다. 그렇기 때문에 혼자서 사고하는 기술뿐 아니라 함께 사고하는 기술을 배워둘 필요가 있는 것입니다.

그럼에도 불구하고 학교 교육에서는 여전히 혼자 사고하고 문제를 풀어야 한다고 가르칩니다. 옆의 친구는 그저 경쟁자일 뿐입니다. 대학교에 들어가서 팀 과제를 하더라도 그때뿐이며, 그마저도 팀 내 활동에 따라 배점이 달라야 한다고 생각하는 경우가 많습니다. 학교에서 함께 사고하는 방법이나 기술을 제대로 가르치지 않는 것입니다. 공동 창조력은 자신의 경쟁력을 높이기 위해서도 꼭 필요한 능력입니다. 지금과 같은 교육 방식으로는 세계시장에서 겨룰 수 있는 혁신적인 아이디어가 나오기 힘듭니다.

세상은 급속하게 인공지능화가 진행되고 있습니다. 창조성이 요구되는 분야도 예외는 아닙니다. 지금의 기술로는 AI도 간단한 사고를 할 수 있어 광고 문구를 작성하거나 그림을 그리기도 합니다. 그러니 개인의 정형화된 사고로 대응할 수 있는 수준의 일은 언젠가 AI에 의해 대체될 가능성이 높습니다.

반면 다수의 사람이 시너지를 발휘하면서 새로운 사고를 창출하는 공동 창조 행위는 매우 복잡한 과정을 거칩니다. 이러한 복잡한 과정은 정형화되기 힘든 만큼 당분간은 AI에 의해 대체되기 어렵습니다. 그러므로 장차 인간에게 요구되는 능력 또한 '함께 생각하는 힘'이라고 할 수 있습니다. 다른 사람과 함께 뛰어난 해결책을 만들어내는 능력을 갖춘 사람은 앞으로 어떤 분야에서든 필요로 하는 인재가 될 것입니다.

단순히 여러 사람이 모여서 생각한다고 좋은 아이디어가 나오는 것은 아닙니다. 기본 규칙도 모르는 사람들이 그저 모여 있다고 해서 게임은 진행되지 않습니다. 실제로 브레인스토밍에서 적절한 룰을 정하지 않으면 효과가 떨어진다는 연구 결과도 있습니다.

브레인스토밍을 진행할 때 다른 사람의 아이디어를 비판하지 않아야 한다는 등의 몇 가지 기본 규칙을 소개한 바 있지만 무엇보다 중요한 것은 상대방을 존중해야 한다는 것입니다. 상대방의 아이디어를 인정해야 새로운 아이디어를 창조할 수 있습니다. 팀의 창조력을 최대한으로 끌어내기 위해서는 무엇보다 팀원끼리 서로 믿어야 한다는 사실을 다시 한 번 강조합니다.

사고법을 창조한다

리본 사고란 무엇일까요? 한마디로 표현하자면 생각하는 법을 창조하는 행위입니다. 사고법을 창조한다는 말이 귀에 익숙하지 않을지도 모릅니다.

앞에서 설명했듯 리본 사고는 인풋, 콘셉트, 아웃풋 이렇게 3단계로 구성되어 있습니다. 각각의 단계는 다음과 같이 바꿔 말할 수 있습니다.

인풋 = 창조적인 사실 발견.
콘셉트 = 창조적인 통합 해석.
아웃풋 = 창조적인 구체화.

편의상 인풋, 콘셉트, 아웃풋 단계를 밟아왔지만 각각의 단계에서 공통적으로 해야 할 것은 사고법을 생각하는 것입니다. 다시 말해 이렇게 하면 답이 나온다는 식의 정답을 도출하는 순서가 존재하지 않는다는 것입니다.

갈릴레오는 망원경을 개발해 달의 분화구와 목성의 위성을 발견함으로써 지동설에 이르렀습니다. '보는 도구'에 의해 볼 수 있는 것이 달라지는 것처럼 방법을 달리 하면 새로운 깨달음을 얻을 수 있습니다. 여러분이 인풋, 콘셉트, 아웃풋 각각의 과정에서 자신만의 '망원경'을 만들었으면 합니다.

주의할 점은 과정을 비선형으로 생각해야 한다는 것입니다. 세 과정을 획일적인 순서로 진행하다 보면 생각대로 되지 않을 때도 있습니다. 기본적인 흐름이나 과정은 어느 정도 따르더라도 상황이나 주제에 따라 임기응변으로 과정을 왔다 갔다 하면서 생각의 깊이를 더해가는 것이 중요합니다.

만약 콘셉트를 결정하고 나서 아웃풋 단계로 접어들었다고 해도 창조적인 구체화가 불가능하다고 판단되면 콘셉트 과정으로 되돌아갑니다. 독창성 넘치는 아이디어는 쉽게 나오지 않습니다. 되돌아갈 줄 아는 용기와 각오를 가지고 새로운 사고를 만들어갑시다.

'리본 사고'란 사고법을 창조하는 행위

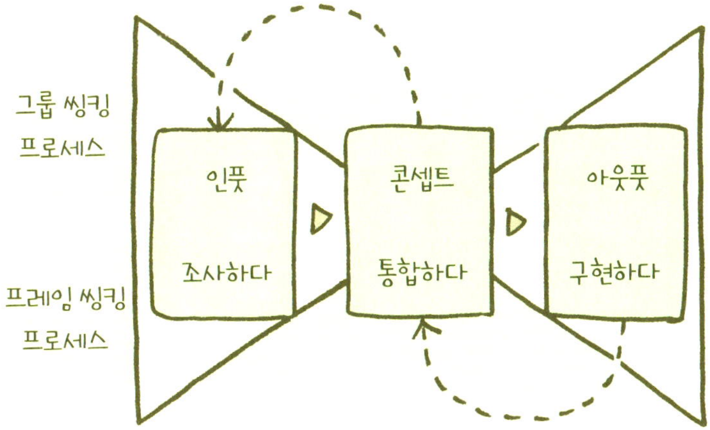

창조적인 사실 발견	창조적인 통합 해석	창조적인 구체화
무엇을 조사할지를 생각하고 조사하는 방법 자체를 창조한다.	어떻게 사고할지를 생각하고 어떻게 통합할지를 창조한다.	발상하는 방법을 모색하고 구체적인 아이디어를 창조한다.

틀을 지키고
부순다

리본 사고의 본질은 정해진 프레임이나 방법론에 따르는 것이 아니라 프레임과 과정 자체를 만드는 데 있습니다.

새로운 프레임을 만드니까 기존 프레임은 몰라도 되지 않을까, 하고 생각한다면 오산입니다. 사고의 폭을 넓혀 창의적인 것을 만들어내기 위해서라도 기본 형식을 이해하는 것이 중요합니다. 여러 가지 사고법과 프로세스를 알고 있는 것은 쓸모없는 일이 아닙니다. 사고법이 다양할수록 사고의 폭이 넓어지고 유연한 생각을 할 수 있기 때문입니다. 자유롭게 생각하길 권하면서도 몇 가지 형식과 방법을 소개한 것도 같은 이유입니다. 그렇다고 과정의 이해 없이 따라만 하는 것은 그 과정이 아무리 뛰어나도 새로운 것을 창출할 수 없습니다. 그 부분에 늘 세심한 주의를 기울여야 합니다.

앞서 얘기했던 '수파리'를 다시 떠올려보세요. 수파리는 무도, 다도 등의 '도道'를 추구하기 위한 전통적인 수행 과정 중 하나입니다.

'수'는 스승이나 유파의 가르침, 형식, 기술을 충실히 지키는 단계이고 '파'는 기존 형식을 파괴하고 다른 유파의 생각을 받아들여 발전시키는 단계이며 '리'는 기존 형식에서 완전히 벗어나 새로운 것을 창조하는 단계입니다. 리본 사고를 통해 최종적으로 지향해야 하는 것은 '파'와 '리'입니다. 리본 사고의 기본 프레임, 더 나아가 이 책에서 소개한 다양한 방법, 규칙, 실제 사례 등은 모두 '수'에 해당합니다. 여러분의 아이디어를 '파'와 '리'로 이끌기 위한 재료로서 리본 사고를 활용하기 바랍니다.

'리본 사고'마저도 '수', 즉 하나의 형식에 해당합니다. 리본 사고가 생각하는 데 도움이 되는 건 사실이지만, 목적에 맞지 않다면 굳이 쓰지 않아도 됩니다. 목적에 맞게 리본 사고를 변형시키고 발전시킬 수도 있겠지요. 우리의 목적은 '리본 사고를 능숙하게 활용하는 것'이 아니라 '새로운 것을 만드는 것'이기 때문입니다.

'사고한다'는 말은 왠지 어렵게 느껴집니다. 그 이유는 고정된 프레임에 맞추어 혼자 끙끙거리는 이미지가 강하기 때문이 아닐까요? 새로운 것을 생각하는 행위는 팀원과 함께 자유롭고 유연하게 할 때 즐거움과 효과가 배가됩니다.

"인간은 생각하기 위해 태어났다. 고로 인간은 한시도 생각하지 않고는 살 수가 없다."

프랑스 철학자 블레즈 파스칼Blaise Pascal이 한 말입니다. 그의 말처럼 인간이 늘 생각해야 하는 존재라면, 미간을 찌푸리며 하기보다 팀원과 함께 화기애애하게 즐기면서 하는 편이 좋지 않을까요?

어떻게 사고할지를 생각하는 것은 흥미로운 행위입니다. 사고하는 행위를 즐기면서 새로운 사고법을 자유롭게 생각해보세요.

응용하는

생 힘 교

리본 사고를 활용한 스토리 있는 아이디어

수업의 연장선으로 일 년에 한 번 대학생들이 리본 사고를 겨루는 브랜드 디자인 콘테스트를 개최하고 있습니다. 'BranCo!'라는 이름으로, 3~6명의 멤버가 협력해 과제의 주제에 맞는 상품이나 서비스 브랜드에 대한 아이디어의 매력과 참신성을 겨루는 팀 대항 콘테스트입니다. 현재는 규모가 커져 70여 대학교의 700명 이상의 대학생이 참가하고 있습니다.

콘테스트인 만큼 서로 경쟁하고 아이디어를 평가받습니다. 하지만 BranCo!는 결과만을 평가하지 않습니다. 리본 사고를 얼마나 잘 활용했는지도 평가 항목에 포함되어 있어, 반드시 리본 사고의 단계를 밟아야 합니다. 이런 과정을 통해 사고력을 키우고 팀원과 함께 정답 없는 질문에 도전하며 협업하는 능력을 높일 수 있습니다.

우수한 성적을 거둔 팀의 아이디어는 기획이나 디자인 분야의 최전선에서 일하는 전문가조차 혀를 내두를 정도로 기발합니다. 콘테스트에서 좋은 반응을 보였던 몇 가지 사례를 소개합니다. 그들이 구체적으로 어떤 과정을 밟았는지 인풋 → 콘셉트 → 아웃풋 순으로 완성된 스토리를 감상해보세요.

제철에 관한 새로운 브랜드를 디자인한다

인풋

이 팀은 제철 하면 역시 '음식'이라는 생각에서 시작했습니다. 팀원들은 '제철 음식은 맛있다는 미각 가치 외에도 다른 가치가 있지 않을까?'라는 질문을 설정했습니다.

그런 다음 농산물 생산자를 인터뷰하기 위해 농가를 방문해 흥미로운 이야기를 들었습니다. 농사짓는 사람들에게 제철은 하우스가 아닌 노지재배를 의미하므로 비와 바람을 견디면서 자란 농산물만을 뜻한다는 것입니다. 농부는 “노지재배는 체력적으로 힘든 체육대회와 같다”며 “제철은 어려움을 견뎌낸 증거”라고 말해주었습니다. 농부의 말에서 그들은 제철 농산물에 ‘씩씩하다’는 이미지가 있음을 발견했습니다. 그리고 씩씩한 이미지를 활용해 브랜드를 만들기로 했습니다.

거기서 ‘씩씩하게 살아가는 것과 직장인의 삶에 어떤 관계성이 있지 않을까?’라는 새로운 질문을 설정했습니다. 답을 찾기 위해 직장인이 등장하는 모든 만화책을 섭렵하며 ‘직장인은 씩씩함에 대해서 어떻게 생각하는지’ ‘바쁠 때 어떤 행동을 취하는지’ 등을 조사했습니다. 만화책을 통해 발견한 사실은 바쁜 업무에 지친 직장인들이 자양강장제를 마시고 힘을 낸다는 것이었습니다.

콘셉트

새로운 상품을 기획하기 위해 ‘제철은 씩씩하다’라는 이미지와 ‘직장인은 자양강장제를 마시고 힘을 낸다’는 조사 결과를 결합시키자 ‘오늘을 씩씩하게 살아가는 사람들을 위한 자연의 에너지를 담은 건강음료’라는 콘셉트가 탄생했습니다.

아웃풋

상품명은 ‘건강음료 SURVIVOR’라고 지었습니다. 재료는 제철 식재료로 하고 계절에 따라 재료를 바꾸기로 했습니다. 예를 들면 가을에는 단호박, 석류, 당근 등을 사용한다는 식의 제안입니다.

새로운 학습 서비스를 만들자

인풋

이 팀은 '학습을 단위로 표현한다면 어떤 단위를 사용할 수 있을까?'라는 질문을 설정했습니다. 설문 결과 학교 학습은 점수, 퍼센트가 많고 학교 외의 학습은 분, 칼로리, 원(₩) 등이 많다는 사실을 발견했습니다. 또한 학습을 측정하는 기준으로 '얼마나 잘하는지'와 '얼마나 했는지' 크게 두 가지가 있다는 사실을 발견했습니다. 전자는 학습이 어떤 목적을 이루기 위한 방법인 '수단적 학습'일 경우이며, 후자는 학습 자체가 목적인 '본질적 학습'일 경우였습니다. 인풋을 통해 학교 학습(입시 등)도 학교 외의 학습처럼 '배우는 것 자체가 목적이 된다면'이라는 관점을 제시했습니다.

그 다음에는 커리큘럼에 색을 칠하는 식의 자체 조사를 통해 배우는 행위는 짧은 시간 안에 할 수 있지만 지식을 쌓는 행위는 어느 정도 연속적인 시간이 필요하다는 깨달음을 얻었습니다. 학습(배우는 것)과 지식(아는 것)은 구조적으로 다르다는 사실을 발견한 것입니다.

더 나아가 팀원들은 두 가지를 조사했습니다. 하나는 '학습이라는 단어에서 연상되는 평균 시간은 얼마일까?'이고 다른 하나는 '인간의 뇌는 얼마나 지속적으로 학습할 수 있을까?'입니다.

사람은 학습이라는 단어에서 60~70분의 시간을 연상했지만 실제 인간의 뇌는 개인차를 고려하더라도 25분 정도밖에 집중할 수 없다는 사실을 알았으며 그것을 통해 학교 수업 시간이 너무 길다는 결론에 도달했습니다.

콘셉트

이러한 다양한 인풋을 바탕으로, 즐기면서 학습하기 위해서는 공부에 빠져들 수 있는 환경을 조성하는 것이 중요하다고 판단했습니다. 환경 조성의 첫 단계로 '25분을 하나의 단위로 하는 새로운 학습 단위를 보급하면 어떨까?'라는 발상에서 길이의 미터(m)나 용량의 리터(ℓ)처럼 학습 단위를 '학습(hs)'이라고 이름 지었습니다. 그리고 '1hs=25분'라는 새로운 학습 단위를 콘셉트로 설정했습니다.

아웃풋

25분이라는 제한된 시간 안에 공부의 세계로 빠져들 수 있는 상품이 아웃풋으로 결정되었습니다. 공부 중에는 시간 확인이 힘드니

25분 동안 집중해서 공부할 수 있는 새로운 시간 측정법을 제안했습니다. 한 학습 시간 동안 녹지 않는 '25분 사탕'이라는 아이디어를 도출했습니다.

'25분 사탕'은 콘셉트의 우수함이 드러나는 심플하면서도 재미있는 아이디어입니다. '세상에는 학습 단위가 존재하지 않는다'는 창조적인 발견이 아웃풋을 도약시킨 성공 요인이었습니다.

평화에 관한 새로운 브랜드를 디자인한다

인풋

이 팀은 먼저 평화의 반의어로서 '차별'과 '편견'이라는 단어에 착안해 일본에 거주하는 외국인을 대상으로 인터뷰를 진행했습니다. "일본에서 살면서 편견이나 차별 때문에 힘들지는 않나요?"라는 질문에 그렇다고 대답한 사람은 10퍼센트 정도로 적었습니다. 그러나 일본인에게 "외국인에 대한 편견이나 차별이 있다고 생각하나요?"라고 묻자 절반 이상이 그렇다고 대답했습니다. 상호 간의 대답에 갭이 있다는 사실로부터 일본인이 가지고 있는 차별 의식이 외국인에게 잘 전달되지 않는다는 것을 알았습니다.

외국인에게 좀 더 자세히 물어보자 차별이나 편견은 느끼지 못하지만 일본인 친구가 별로 없다거나 뭔가를 부탁하기가 힘들다는 사람이 많았습니다. 조사 결과에서 그들은 표면상으로는 문제가 없어 보이지만 실은 보이지 않는 차별이 존재하는 것은 아닐까라는 생각에 이르렀습니다.

다음으로 일본인 특유의 보이지 않는 차별 의식에 대해 조사를 실시했습니다. 이를 통해 '차별 의식이 익명으로 글을 올리는 문화나 미디어를 통해 만들어진 인종 차별적 이미지에 기인한 것은 아닐까'라는 가설을 세웠습니다.

아울러 차별 의식에 대한 세계 공통의 문제점도 조사했습니다. 차별이 발생하는 원인을 문화적 요소, 외형적 요소, 언어적 요소 이렇게 세 가지 요소로 분류한 뒤 분석했습니다.

일본인은 편협한 정보를 바탕으로 외국인에 대한 고정관념을 갖고 있는 경우가 많아 적잖은 차별 의식이 생겼지만 인터넷에 익명으로 글을 올리는 것처럼 눈에 띄지 않게 행동하는 탓에 그 실태가 표면화되지 않았다는 사실을 발견했습니다. 보이지 않는 차별의 근본적인 원인은 다른 사람을 이해하려고 노력하지 않는 데 있다는 결론에 도달했습니다.

콘셉트

평화란 '차별 없이 누구와도 만날 수 있는 세계'라고 정의하고 그

것을 실현하는 방법으로서 '먼저 인정한다. 그리고 알아간다'는 콘셉트를 내세웠습니다.

아웃풋

그 결과 탄생한 아이디어가 '윈도 프렌드'입니다. 초등학교의 교실 창가에 외국 초등학교와 텔레비전 전화로 연결된 윈도 프렌드 전용 특수 디스플레이를 설치해 서로 대화를 나누면서 학교생활을 보낸다는 내용입니다. 창문 너머의 친구와 교류한다는 의미에서 '윈도 프렌드'라고 이름 지었습니다.

일본과 시차가 거의 없는 나라가 아시아를 중심으로 30여 개국이 있어 충분히 실현가능한 아이디어라고 판단했습니다. 실제로 만난 적은 없지만 얼굴은 알고 있는 상대방이 디스플레이 저편에서 "친구야 안녕!" 하고 인사하며 손을 흔드는 모습을 볼 수 있습니다. 이런 환경을 만든다면 자연스럽게 다른 나라의 아이들과 친해질 수 있지 않을까 생각했습니다.

팀원들은 실제로 한 초등학교에 찾아가 현장 조사를 실시했습니다. 교감 선생님과의 인터뷰에서 '윈도 프렌드'를 설치할 수 있을지 물었더니 미술실이나 음악실이라면 가능하다는 답변이 돌아왔습니다. 거기서 힌트를 얻어 '음악 시간에 함께 노래하거나 서로의 얼굴을 그려주는 식의 교류라면 말이 통하지 않더라도 가능하지 않을까'

'점심시간에 음식 문화를 교류하면 서로를 더 깊이 이해할 수 있고 한결 친해지지 않을까'라고 사고의 폭을 넓혔습니다.

또한 학교에서 인기 있는 선생님은 아이들의 이름을 불러주며 소통한다는 사실을 발견하고, 디스플레이에 다가온 상대방의 이름이 화면에 표시되는 시스템을 고안했습니다.

비 온 뒤에 땅이 더 굳어진다는 속담처럼 싸운 뒤에 화해하면 예전보다 훨씬 친해지는 법입니다. 교감 선생님과의 인터뷰에서 나온 '다툼은 서로를 이해하기 위해서 필요한 것이며 싸운 뒤에 화해할 수 있는지가 더 중요하다'는 이야기를 바탕으로 '윈도 브레이크'라는 시스템을 고안했습니다. '윈도 브레이크'는 화면 너머에서 싸움이 일어나면 화면에 줄이 생기고 싸움이 더 커지면 통신이 끊어지는 기능입니다. 하지만 아이들이 사과하면 화면이 정상으로 돌아와 자연스럽게 화해를 유도하는 시스템입니다.

사고가 유연하고 편견이 생성되기 전의 초등학생 시절에 외국인과 교류하는 경험을 하며 자란다면 10년, 20년 후의 미래에는 차별과 편견이 없는 평화로운 사회가 되지 않을까 생각한 것입니다.

시부야를 대표하는 선물을 만들자

인풋

먼저 팀원들은 '시부야란 무엇인가?'와 '선물이란 무엇인가?'를 결합시키는 방향으로 인풋을 진행했습니다. 시부야에 대한 이미지를 조사하자 많은 사람이 시부야 하면 스크램블 교차로를 떠올린다는 사실을 알았습니다. 시부야의 스크램블 교차로에는 어떤 사람들이 오는지 관찰하자 외국인 관광객이 다수 있다는 사실도 알았습니다.

이번에는 외국인 관광객이 어디서 무엇을 하는지 조사했더니 시부야 109나 충견 하치코 동상에는 그다지 관심이 없고 스크램블 교차로 자체에 관심이 많다는 사실을 알았습니다. 관광객들은 스마트폰을 손에 들고 교차로를 걸으며 동영상을 찍거나 교차로 근처의 카페 창가 자리에 앉아 교차로를 찍었습니다. 그리고 사진과 동영상을 자신의 SNS에 올렸습니다. 시부야 스크램블을 지나다니는 어마어마한 인파의 모습이 시부야의 상징적인 모습으로 인식된 것입니다.

여기서 한 가지 의문점이 생겼습니다. 이렇게 많은 사람이 오가고 신호가 바뀌면 수많은 자동차가 한꺼번에 달리는 만큼 사고가 많이 나지 않을까, 하는 것이었습니다. 근처 파출소에 가서 스크램블 교차로에서 얼마나 사고가 발생하는지 물어보았습니다. 순경의 답변은 놀랍게도 자신이 근무하는 동안 교차로에서 발생한 사고는 단한 건도 없었으며, 사고가 없기 때문에 통계조차 없다는 것이었습니다. 외국인 관광객들은 많은 사람이 오가는 곳임에도 잡음 없이 일사분란하게 움직이는 사람들을 보고, 시부야 스크램블을 '세계에서 제일 안전한 교차로'라고 인식해 동영상이나 사진을 SNS에 올리는 것이 아닐까 생각했습니다.

아울러 외국인 관광객들에게 여행 선물에 대해서 물어보자 "먼 곳에서 왔기 때문에 너무 큰 것은 사지 않는다" "여행의 추억을 환기시켜주고 이야깃거리도 되기 때문에 가방에 달 수 있는 것을 산다" "지역적 특색이 느껴지는 것을 산다" 등의 대답이 돌아왔습니다. 정리하면 '작아서 들고 다니기 편하고 지역적 특색이 담긴 물건'을 선호한다고 할 수 있습니다.

콘셉트

'시부야 × 선물'의 콘셉트는 스크램블 교차로에서 사고가 일어나지 않는 것을 '행운'으로 이미지화해 작은 부적을 만들자는 것이었습니다. 하지만 부적은 일본에서는 대체로 신사나 절에서 판매하므로 종교색이 짙어 외국인에게 인기가 없을 것 같다는 우려의 목소리도 나왔습니다. 이를 확인하기 위해 그들은 절에 가서 외국인 관광객이 부적을 얼마나 사는지 물었습니다. 그러자 부적이 선물로서 인기가 높다는 사실이 드러났습니다.

※ 시부야 스크램블 교차로(위)는 시부야역 바로 앞에 있어 시부야의 모든 곳과 통하는 그야말로 핫플레이스다. 충견 하치코 동상이나 쇼핑몰 시부야 109와도 가깝다. 시부야 부적(아래)은 스크램블 교차로의 모습을 본떠 만들었다.

아웃풋

이러한 콘셉트를 바탕으로 시부야구와 협력해 만든 것이 스크램블 교차로 모양의 부적입니다. 표면에는 아스팔트 모양의 패턴으로 디자인되어 있습니다. 외국인 관광객이 고국으로 돌아간 뒤 부적과 함께 스크램블 교차로에 대해 이야기한다면 '세계에서 제일 안전한 교차로가 있는 시부야 거리'라는 브랜드를 만들 수 있습니다.

덧붙여 시부야에 부적 판매점을 열어 그곳에서 할로윈용이나 밸런타인데이용 부적도 판매하면 좋겠다는 아이디어도 나왔습니다.

추천의 글

도쿄대는 왜
생각하는 힘의 교실을 열었을까

도쿄대 교양학부가 하쿠호도와 협력해 '브랜드 디자인 스튜디오'라는 수업을 시작한 것은 2011년 가을이었습니다.

사회 문제를 비롯해 사회로 나가 맞닥뜨리는 문제들이 점점 복잡해지는 시대입니다. 자신이 속한 조직 내의 팀워크뿐 아니라 협력업체, 고객, 경쟁 상대 등 이해관계가 얽혀 있는 다양한 사람들과 협업을 통해 일을 추진하는 능력이 더욱 중요시되고 있습니다. 이러한 시대를 살아가는 한 사람으로서 새로운 교육 프로그램의 필요성을 통감했습니다.

사회로 나가기 전에 학생들은 무엇을 익혀야 할까, 현재 학교 교육의 부족한 점은 무엇일까, 사회와의 협력을 통해 무엇을 할 수 있을까 등을 고민한 끝에 탄생한 것이 브랜드 디자인 스튜디오의 콘셉트인 '정답 없는 질문에 함께 도전하는 것'입니다.

여기에는 두 가지 교육적 의미가 있습니다. 하나는 정답이 정해진 문제에 혼자서 도전하면 누구보다 빠르고 정확하게 답을 내는 학생들에게 정해진 답이 없는 주제에 의도적으로 도전하라는 것이고, 다른 하나는 혼자가 아니라 팀 공동으로 생각하는 방법을 익히라는 것입니다.

실제 강의에는 다음의 세 가지 학습 요소가 포함되어 있습니다.

- 협동 학습 평소에 만날 수 없는 사람들과 팀을 이루어 함께 학습한다.
- 창조 학습 대학생다운 창조성을 최대한 발휘한다.
- 실천 학습 창출한 아이디어를 실천한다.

브랜드 디자인 스튜디오는 협동성, 창조성, 실천성 이 세 가지를 결합한 수업이며 교양학부 1, 2학년생들이 자유롭게 선택할 수 있는 세미나 형식의 교육 커리큘럼으로 구성되었습니다. 이 수업만을 위한 액티브러닝 교실도 준비했습니다. 교실이 개방되어 있기 때문에 학생들은 수업이 비는 시간이나 수업이 끝난 후에도 자발적으로 모여 회의를 하거나 프레젠테이션 준비를 했습니다.

브랜드 디자인 스튜디오의 수업 방식이 많은 학생에게 알려지면서 타 대학에서도 강의 요청이 쇄도했습니다. 그래서 브랜드 디자인 스튜디오의 콘셉트는 그대로 유지하면서 규모를 확대한 'BranCo!'를 2014년부터 시작했습니다. BranCo!는 현재 70여 대학교의 학생들이 참가하고 있습니다. 열정적인 학생들이 한 팀을 이루어 긍정적인 마인드로 도전하는 모습은 감동적일 정도입니다.

교양이란 사고의 폭을 넓히는 것

도쿄대 교양학부가 외부 기업과 협력해 이와 같은 수업을 한 이유는 무엇일까요? 교양이라는 단어의 어원이 중요한 힌트가 됩니다. 교양이란 단어의 원래 뜻은 'Liberal Arts'입니다. 자유 시민이 익히는 기본 소양이라는 뜻이지요. 그렇다면 교양을 익힌다는 것은 어떤 행위일까요? 그것은 단편적인 지식이나 기능을 익히는 것이 아니라 사고의 폭을 넓히는 것입니다. 자신이 가지고 있는 지식과 타인이 가지고 있는 지식을 서로 교환해 상호작용하고, 그로 인해 사고의 틀을 넓혀 생각을 변화시키는 과정 전체를 뜻하는 것입니다. 그리고 이것이야말로 인간을 자유로 이끄는 수단입니다.

이런 관점으로 보면 리본 사고를 활용한 수업 역시 교양을 익히는 과정이라고 할 수 있습니다. 수업에 참여한 학생들은 리본 사고의 프레임을 스펀지처럼 잘 받아들였습니다.

학생들은 이 수업에서 팀을 이루어 함께하며 새로운 것을 만들어내기 위해 필요한 자세를 배웁니다. 이를 위해서는 먼저 상대방의 의견을 경청하는 자세가 필요합니다. 그 다음은 수업에 참여하는 모두가 평등하며, 어떤 의견이든 존중받아야 한다는 것을 배웁니다. 창조적인 작업을 할 때에는 교수-학생, 선배-후배와 같은 수직적인 관계에 얽매이면 안 됩니다. 수평적 관계를 유지하면서 다른 사람의 의견에 귀를 기울이는 자세가 필요합니다. 그리고 다른 수업에서 금지하는 커닝이 적극 권장됩니다. 기발한 아이디어가 있다면 그 아이디어를 모두와 공유하는 것이 더 좋다고 배웁니다.

수업 중에 수행하는 실습 과제를 통해서도 많은 것을 배울 수 있습니다. 어느 날 수업에서 팀 공동으로 블라인드 스케치 활동을 했습니다. 블라인드 스케치는 흔히 볼 수 없는 경치의 사진을 한 명에게 보여주고 사진의 내용을 말로만 설명하게 한 뒤 사진과 동일한 그림을 그리게 하는 것입니다. 전체적인 구도를 설명한 다음 세세한 부분을 설명하는 것이 포인트라는 것을 몸소 체험하고 배울 수 있습니다. 또 설명하는 방법을 팀원들과 함께 되짚어봄으로써 더 정확하게 전달하기 위해서는 어떻게 설명하면 되는지를 의논합니다. 블라인드 스케치는 수업 분위기를 띄우기 위한 사전 활동이었지만, 이런 체험으로도 비즈니스 현장에서 프레젠테이션을 할 때 어떻게 설명하면 이해하기 쉽게 전달할 수 있는지를 배웁니다.

리본 사고 과정은 연구 활동과 같다

리본 사고 과정은 자연과학 분야의 연구 활동과 통하는 부분이 있습니다.

먼저 연구 주제에 대해 지금까지 학회나 논문 등에 보고된 연구가 어떤 것들이 있는지 데스크리서치를 통해 조사합니다. 다음은 조사 자료를 근거로 무엇을 모르고 무엇을 알고 싶은지 정리해 질문을 설정합니다. 올바른 방향의 질문을 하기 위해 다양한 조사와 실험을 하는 일련의 과정이 인풋에 해당합니다.

그리고 연구를 통해 최종적으로 무엇을 알고 싶은지를 명확히 정하는 과정이 콘셉트에 해당합니다. 인풋 단계에서는 깨달음을 얻거나 소재가 되는 정보를 수집하기 때문에 인풋을 통해 얻은 요소로부터 기계적으로 콘셉트가 도출되지는 않습니다. 콘셉트를 설정하기 위해서는 이 요소들을 정리하는 과정, 이른바 통합화 과정이 필요합니다.

더 나아가 좋은 콘셉트는 새로운 연구 주제를 탄생시킵니다. 그것이 아웃풋입니다. 연구를 통해 신물질을 개발함으로써 세상에 도움을 주기도 하고 더 깊이 있는 연구의 시발점이 되기도 합니다.

자연과학 분야에서는 일련의 작업을 팀을 이루어 하기 때문에 팀

공동으로 한다는 점도 리본 사고와 유사합니다.

리본 사고의 개념을 접했을 때 자연과학 연구자들이 경험을 통해 자연스럽게 익힌 과정을 언어화하고 시각화했다는 느낌이 들었습니다. 이러한 사고 프로세스를 대학생 시절에 경험한다면 어떤 길을 가든 많은 도움이 될 거라고 생각했습니다. 하지만 지금까지 대학 4년 동안 이러한 발상법을 배울 기회는 거의 없었습니다. 그러한 의미에서 브랜드 디자인 스튜디오는 도쿄대 교양학부에 있어서 매우 이색적인 수업이라고 할 수 있습니다.

저는 브랜드 디자인 스튜디오나 BranCo!를 교육 프로그램의 일환으로 인식하고 있습니다. 최종적으로는 아웃풋을 내야 하지만 아웃풋을 도출하기까지의 과정을 경험하는 것 자체가 매우 중요하다고 봅니다. 사회에 나가 다양한 도전을 하기 전에 이와 비슷한 과정의 학습 경험은 귀중한 자산이 됩니다.

이론적으로 보고 듣는 것만으로는 알 수 없는 경험 지식이 있습니다. 팀원과 어떻게 역할을 분담해야 팀이 제대로 기능하는지는 팀의 일원이 되지 않으면 알 수 없습니다. 정답이 없기 때문에 우왕좌왕하다가 공중 분해되는 팀도 있습니다.

학생들은 체험을 통해 자신과 다른 사람의 의견이 다르다는 것을 배웁니다. 자신은 좋다고 생각한 아이디어를 다른 팀원들이 반대하면 자존심에 금이 가기도 하겠지만, 그런 상황에 대응하는 방법 또한 배울 수 있습니다. 새로운 무언가를 만들어내기 위해서는 내 의견만 주장하는 것이 아니라 협동적이고 창조적이며 실천적인 동료가 되어야 함을 깨닫는 것입니다. 실제로 좋은 의미에서의 충돌을 잘 극복하고 좋은 관계를 유지한 팀이 좋은 아이디어를 내는 경우가 많습니다.

리본 사고라는 공용어

며칠 전 한 학생이 환한 얼굴로 "지금까지 제 생각을 이렇게 열심히 주장한 적은 없었어요"라고 말했습니다. 매우 인상적인 감상이었습니다. 학생에게 이러한 감동을 안겨준 것에 대해 수업을 추진한 사람으로서 매우 기뻤습니다.

브랜드 디자인 스튜디오와 BranCo!가 학생들에게 지지를 받는 이유는 무엇일까요? 크게 세 가지 요소를 들 수 있습니다.

첫째는 리본 사고라는 간단하면서도 꼭 필요한 사고 프레임이 존재한다는 점입니다. 리본 사고는 서로의 견해를 통합하고, 불협화음을 조정할 수 있는 시스템으로 작동합니다.

둘째는 주제 설정의 탁월함입니다. 이제껏 BranCo!에서 다루었던 주제는 제철, 거짓말, 학습, 평화 등이었습니다. 주제 선정에는 하쿠호도 관계자들이 도움을 주었는데, 너무 전문적이지 않으면서도 대학생이 다루기 적당한 주제를 고심하여 선택했습니다. 친환경

에너지나 외교가 나아갈 방향 등과 같은 전문성을 요구하는 주제였다면 학생의 전공 분야에 따라 잘하고 못하는 사람이 나뉘어 이 정도로 인기를 끌지는 못했을 것입니다.

셋째는 새로운 것을 만들어낸다는 목표를 공유한다는 점입니다. 목표가 정해져 있기 때문에 학생들도 방향성을 맞추어 함께 나아가기 쉽습니다.

리본 사고를 습득한 학생들은 사회에 나가서도 다양한 형태로 이 프레임을 활용합니다. 그중 한 학생은 졸업 후에 자신이 나고 자란 지역을 활성화시키기 위해 리본 사고 프레임을 활용해 도시 계획 사업을 추진하고 있습니다.

향후의 우리는 고령화, 저출산 등 여러 사회적 과제에 직면할 것입니다. 그때 리본 사고라는 공용어를 바탕으로 의견, 입장, 역할 등의 차이를 뛰어넘어 많은 사람과 소통한다면 틀림없이 새로운 해결책을 만들어낼 수 있을 거라고 생각합니다. 그러한 미래를 상상하며, 리본 사고가 더욱 널리 알려지길 기대합니다. 또한 이 책을 읽은 독자 여러분이 리본 사고를 활용해 흥미로운 미래를 창조하기를 진심으로 바랍니다.

도쿄대학대학원 종합문화연구과
마후네 후미타카真船文隆

참고문헌

국내서

《경제발전의 이론》, 조지프 슘페터, 박영호 옮김, 지만지, 2012.

《도쿄대 리더육성 수업—문제해결의 사고력 편》, 도쿄대학 EMP(리더육성 프로그램), 요코야마 요시노리 엮음, 정문주 옮김, 라이팅하우스, 2015.

《디자인에 집중하라》, 팀 브라운, 고성연 옮김, 김영사, 2010.

《디퍼런트》, 문영미, 박세연 옮김, 살림Biz, 2011.

《사용자 경험 스케치》, 빌 벅스턴, 고태호·유지선 옮김, 인사이트, 2010.

《스타벅스 커피 한잔에 담긴 성공신화》, 하워드 슐츠·도리 존스 양, 홍순명 옮김, 김영사, 1999.

《스틱!》, 칩 히스·댄 히스, 안진환·박슬라 옮김, 엘도라도, 2009.

《아이디어 발전소》, 제임스 W. 영, 신동운 옮김, 스타북스, 2014.

《예스, 앤드》, 켈리 레너드·톰 요튼, 박선령 옮김, 김호 감수, 위너스북, 2015.

《유쾌한 이노베이션》, 톰 켈리·조너선 리트먼, 이종인 옮김, 세종서적, 2012.

《정보화 시대의 발상법》, 가와기타 지로, 김욱·신현중 옮김, 세경북스, 1998.

《지의 기법》, 고바야시 야스오·후나비키 다케오 엮음, 오상현 옮김, 경당, 2007.

《테니스 이너게임》, 티모시 걸웨이, 조윤경 옮김, 푸른물고기, 2010.

《HOW CUSTOMERS THINK—소비자의 숨은 심리를 읽어라》, 제럴드 잘트먼, 노규형 옮김, 21세기북스, 2004.

외서

Design Thinking, Peter G. Rowe, The MIT Press, 1987.

《機会発見—生活者起点で市場をつくる》, 岩嵜博論, 英治出版, 2016.

《とっさの日本語便利帳》, 知恵蔵編集部, 朝日新聞社, 2003.

《発想法の使い方》, 加藤昌治, 日本經濟新聞出版社, 2015.

《発想法—創造性開発のために》, 川喜田二郎, 中央公論新社, 1967.

집필을 도와주신 분들

책 집필에 도움을 준 하쿠호도의 동료와 열심히 수업에 참여해준 모든 학생들에게 다시 한 번 감사의 뜻을 전합니다.

감수

마후네 후미타카, 도쿄대학대학원 종합문화연구과 교수

수업 프로그램 운영

다케우치 게이(竹内慶), ㈜하쿠호도 브랜드 이노베이션 디자인국

야마다 사토시(山田聡), ㈜하쿠호도 브랜드 이노베이션 디자인국

보브 게이고(ボヴェ啓吾), ㈜하쿠호도 브랜드 이노베이션 디자인국

수업 운영 협력

오카모토 요시코(岡本佳子), 도쿄대 교양학부 교양교육고도화기구 특임 조교수

가토 아야코(加藤綾子), ㈜하쿠호도 이노베이션 디자인국

스에히로 히데유키(末広英之), Hakuhodo Consulting Asia Pacific

책에서 인용된 기획에 참여해준 학생들

브랜드 디자인 스튜디오

'게이오 이노카시라 선의 미래를 생각한다' - 우에노야마 사라(上野山沙良), 이나가키 겐타로(稲垣健太郎), 도리이 메구미(鳥居萌), 나이토 가즈히로(内藤一洋), 마쓰오 가즈키(松尾和晃)

'시부야를 대표하는 선물을 생각한다' - 우메노 유키(梅野裕貴), 나카데 미라노(中出未来之), 사에키 야스히로(佐伯康裕), 야마구치 우미(山口海), 데구치 다쓰야(出口達也), 쓰보누마 다카히로(坪沼敬広), 하시구치 게이코(橋口惠子)

BranCo!

'새로운 학습을 디자인한다' - 이토 노조미(伊藤望), 오가와 쇼(大川将), 후쿠다 사키(福田沙季)

'제철을 디자인한다' - 마쓰구마 다이쇼(松隈太翔), 고바야시 다이치(小林大地), 데라사와 유나(寺澤佑那)

'평화를 디자인한다' - 고바야시 가이(小林颯), 엔도 히로야(遠藤紘也), 야마미치 슈(山道柊), 다치오카 유스케(立岡佑亮)

도쿄대 교양학부
생각하는 힘의 교실

펴낸날 초판 1쇄 2018년 4월 20일

지은이 미야자와 마사노리
옮긴이 최말숙

펴낸이 임호준
본부장 김소중
책임 편집 김현아 | **편집 4팀** 최재진 이한결
디자인 왕윤경 김효숙 정윤경 | **마케팅** 정영주 길보민 김혜민
경영지원 나은혜 박석호 | **IT 운영팀** 표형원 이용직 김준홍 권지선

인쇄 (주)웰컴피앤피

펴낸곳 북클라우드 | **발행처** (주)헬스조선 | **출판등록** 제2-4324호 2006년 1월 12일
주소 서울특별시 중구 세종대로 21길 30 | **전화** (02) 724-7635 | **팩스** (02) 722-9339
포스트 post.naver.com/bookcloud_official | **블로그** blog.naver.com/bookcloud_official

ISBN 979-11-5846-228-4 13320

- 이 도서의 국립중앙도서관 출판예정도서목록(CIP)은 서지정보유통지원시스템 홈페이지(http://seoji.nl.go.kr)와 국가자료공동목록시스템(http://www.nl.go.kr/kolisnet)에서 이용하실 수 있습니다. (CIP제어번호: CIP2018010636)

- 북클라우드는 독자 여러분의 책에 대한 아이디어와 원고 투고를 기다리고 있습니다.
책 출간을 원하시는 분은 이메일 vbook@chosun.com으로 간단한 개요와 취지, 연락처 등을 보내주세요.

북클라우드는 건강한 몸과 아름다운 삶을 생각하는 (주)헬스조선의 출판 브랜드입니다.